Erwachsene Söhne narzisstischer Mütter

Befreien Sie sich und erobern Sie Ihr Leben zurück

Rosemary Grant

Inhaltsverzeichnis

Einführung

Die Reise verstehen

Das Leben unter dem Einfluss einer narzisstischen Mutter ist eine Reise, die Ihre Identität, Ihre Wahrnehmungen und Ihre Beziehungen auf tiefgreifende und oft schmerzhafte Weise prägt. Für erwachsene Söhne ist dieser Weg besonders komplex, da die Gesellschaft oft erwartet, dass Männer ihre emotionale Last stillschweigend tragen. Dieses Buch ist für Sie geschrieben – den Mann, der im Schatten einer narzisstischen Mutter gelebt hat und bereit ist, ins Licht zu treten.

Narzisstische Erziehung hinterlässt bleibende Spuren in der Psyche. Diese Wunden können sich in Selbstzweifeln, einem ständigen Bedürfnis nach Anerkennung, Schwierigkeiten bei der Festlegung gesunder Grenzen und dem beunruhigenden Gefühl äußern, dass etwas in Ihrem Leben nicht ganz stimmt. Viele erwachsene Söhne narzisstischer Mütter tragen diese Lasten, ohne ihre Herkunft vollständig zu verstehen, und geben sich oft selbst die Schuld für ihre Probleme. Dieses Buch möchte Licht auf Ihre Erfahrungen werfen und Klarheit, Bestätigung und einen Weg zur Heilung bieten.

Die Reise beginnt mit der Anerkennung – dem Erkennen der einzigartigen Dynamik einer Beziehung mit einer narzisstischen Mutter. Es geht nicht darum, ihr die Schuld zuzuweisen, sondern darum, zu verstehen, wie ihr Verhalten deine Gefühlswelt geprägt hat. Narzisstische Mütter projizieren ihre Unsicherheiten und unerfüllten Bedürfnisse oft auf ihre Kinder und nutzen sie als Erweiterung ihrer selbst, anstatt sie als unabhängige Individuen zu behandeln. Für Söhne kann diese Dynamik eine besondere Herausforderung darstellen. Möglicherweise wurden Sie in Rollen wie das goldene Kind, den Sündenbock oder den Fixierer geworfen, von denen jede ihre eigenen emotionalen Belastungen mit sich bringt.

Das Ziel dieser Reise ist nicht, beim Schmerz zu verweilen, sondern Ihnen die Kraft zu geben, Ihr Leben zurückzugewinnen. Indem Sie die Wurzeln Ihrer Kämpfe verstehen, können Sie beginnen, sich von den unsichtbaren Ketten zu befreien, die Sie zurückgehalten haben. Dieses Buch führt Sie durch den Prozess, Ihr authentisches Selbst zu entdecken, gesunde Grenzen zu setzen und Beziehungen zu pflegen, die auf gegenseitigem Respekt und Liebe basieren.

Die verborgenen Wunden narzisstischer Erziehung

Mit einer narzisstischen Mutter aufzuwachsen bedeutet oft, in einem Haushalt zu leben, in dem Ihre Bedürfnisse gegenüber ihren Wünschen zweitrangig waren. Möglicherweise haben Sie schon früh gelernt, Ihre Emotionen zu unterdrücken und auf Eierschalen zu gehen, um bei ihr keine Wut oder Enttäuschung auszulösen. Mit der Zeit entstehen durch diese Konditionierung Wunden, die sich auf jeden Aspekt Ihres Erwachsenenlebens auswirken können.

Eine der größten verborgenen Wunden ist die Erosion des Selbstwertgefühls. Narzisstische Mütter nutzen oft Kritik, Vergleiche und bedingte Liebe als Mittel, um ihre Kinder zu kontrollieren. Möglicherweise wurden Sie nur dann gelobt, wenn Sie etwas erreicht haben, das ein gutes Licht auf sie wirft, was dazu führt, dass Sie Ihren Wert mit externen Leistungen gleichsetzen. Dies kann zu einem unermüdlichen Streben nach Perfektion oder umgekehrt zu einer lähmenden Angst vor dem Scheitern führen.

Eine weitere häufige Wunde ist die Schwierigkeit, gesunde Beziehungen aufzubauen. Mit einer narzisstischen Mutter aufzuwachsen bedeutet oft, Liebe als transaktional und nicht bedingungslos zu erleben. Dies kann zu einem Muster führen, bei dem man toxische Beziehungen anzieht oder Schwierigkeiten hat, anderen zu vertrauen und sich mit ihnen zu verbinden. Die in der Kindheit erlernte Angst vor Verletzlichkeit wird zu einem Hindernis für Intimität und authentische Verbindung.

Die vielleicht heimtückischste Wunde sind die verinnerlichten Schuld- und Schamgefühle. Narzisstische Mütter sind Meister der Manipulation und geben ihren Kindern oft die Schuld für ihr Unglück oder ihre Unzulänglichkeiten. Möglicherweise haben Sie diese Botschaften verinnerlicht und geglaubt, dass Sie von Natur aus fehlerhaft oder der Liebe unwürdig sind. Diese Schuldgefühle können es schwierig machen, Grenzen zu setzen, da Sie befürchten, als egoistisch oder undankbar abgestempelt zu werden.

Diese Wunden definieren Sie nicht, aber ihre Anwesenheit anzuerkennen ist der erste Schritt zur Heilung. Es ist wichtig zu verstehen, dass Sie nicht allein sind. Viele Söhne narzisstischer Mütter teilen ähnliche Erfahrungen und ihre Geschichten sind ein Beweis für die Widerstandsfähigkeit des menschlichen Geistes.

Dieses Buch hilft Ihnen, diese Wunden zu erkennen und zu behandeln, und bietet praktische Werkzeuge und Strategien zur Heilung. Von der Erkennung von Manipulationsmustern bis zur Wiederherstellung Ihres Selbstwertgefühls ist jedes Kapitel darauf ausgelegt, Ihnen das Wissen und die Fähigkeiten zu vermitteln, die Sie benötigen, um Ihr Leben wieder in den Griff zu bekommen.

Denken Sie auf dieser Reise daran, dass Heilung nicht linear verläuft. Es wird Momente des Zweifels und der

Rückschläge geben, aber jeder Schritt vorwärts ist ein Sieg. Der Weg zur Freiheit beginnt mit Verständnis, und die Erkenntnisse, die Sie aus diesem Buch gewinnen, werden Ihnen als Leitfaden dienen.

Den ersten Schritt haben Sie bereits getan, indem Sie dieses Buch in die Hand genommen haben. Am Ende dieser Reise werden Sie nicht nur ein tieferes Verständnis Ihrer Vergangenheit haben, sondern auch die Kraft und Klarheit, eine Zukunft zu schaffen, die von Selbstliebe, Authentizität und Freiheit geprägt ist. Dies ist Ihre Zeit, sich zu befreien und Ihr Leben zurückzugewinnen. Lass die Reise beginnen.

Kapitel 1

Identifizierung der narzisstischen Mutter

Merkmale und Verhaltensweisen einer narzisstischen Mutter

Es kann schwierig sein, eine narzisstische Mutter zu identifizieren, da ihr Verhalten oft als Sorge, Liebe oder Autorität getarnt wird. Unter der Oberfläche verbirgt sich jedoch ein Verhaltensmuster, das auf dem Bedürfnis nach Kontrolle, Bestätigung und Selbsterhaltung beruht. Das Verständnis dieser Merkmale ist wichtig, um zu erkennen, wie sie Ihr Leben beeinflusst haben könnten.

Eines der charakteristischen Merkmale einer narzisstischen Mutter ist ihre Tendenz, ihre eigenen Bedürfnisse über die ihrer Kinder zu stellen. Sie sieht ihre Kinder möglicherweise nicht als unabhängige Individuen, sondern als Erweiterungen ihrer selbst. Dies kann sich auf verschiedene Weise manifestieren, von der Mikrosteuerung Ihrer Entscheidungen bis hin zur Durchsetzung starrer Erwartungen, die ihren Wünschen dienen. Beispielsweise könnte sie Sie zu einer bestimmten Karriere oder einem bestimmten Lebensstil drängen, weil dieser ein gutes Licht auf sie wirft, und nicht, weil er mit Ihren eigenen Ambitionen übereinstimmt.

Manipulation ist ein weiteres Kennzeichen einer narzisstischen Mutter. Möglicherweise nutzt sie Schuldgefühle, Scham oder Angst, um dich zu kontrollieren. Ihre Liebe fühlt sich oft an Bedingungen geknüpft und an Ihre Fähigkeit gebunden, ihre Erwartungen zu erfüllen oder ihre emotionalen Bedürfnisse zu erfüllen. Sie spielt möglicherweise das Opfer, um Mitgefühl zu erwecken, oder untergräbt auf subtile Weise Ihr Selbstvertrauen durch hinterhältige Komplimente oder offene Kritik. Diese Manipulation kann so weitreichend sein, dass Sie möglicherweise gar nicht bemerken, dass sie geschieht, bis Sie einen Schritt zurücktreten und die Muster beurteilen.

Narzisstische Mütter sind auch geschickt darin, ein idealisiertes Bild nach außen zu projizieren. Für Freunde, Familie und Nachbarn scheint sie die perfekte Mutter zu sein — aufmerksam, liebevoll und aufopferungsvoll. Hinter verschlossenen Türen kann ihr Verhalten jedoch abweisend, kritisch oder sogar beleidigend sein. Diese Dualität kann dazu führen, dass Sie sich isoliert fühlen und an Ihren eigenen Erfahrungen zweifeln, da andere möglicherweise nicht dieselbe Person sehen wie Sie.

Ein weiteres häufiges Merkmal ist mangelndes Einfühlungsvermögen. Eine narzisstische Mutter hat oft

Schwierigkeiten, auf emotionaler Ebene eine Verbindung zu ihren Kindern aufzubauen. Anstatt Ihre Gefühle zu bestätigen, tut sie diese möglicherweise als Überreaktionen ab oder lenkt das Gespräch wieder auf ihre eigenen Erfahrungen. Dieser Mangel an emotionaler Unterstützung kann dazu führen, dass Sie sich ungesehen und ungehört fühlen und selbst in ihrer Gegenwart ein Gefühl der Einsamkeit hervorrufen.

Auch Neid und Konkurrenzdenken können bei der Dynamik eine Rolle spielen. Eine narzisstische Mutter kann die Erfolge ihres Kindes als Bedrohung für ihr eigenes Überlegenheitsgefühl betrachten. Sie könnte Ihre Erfolge herunterspielen, Sie negativ mit anderen vergleichen oder sogar Ihre Erfolgsbemühungen sabotieren. Gleichzeitig erwartet sie möglicherweise, dass Sie in Bereichen, die ihr Bewunderung und Lob einbringen, hervorragende Leistungen erbringen, was zu einem verwirrenden und widersprüchlichen Umfeld führt.

Das Verstehen dieser Merkmale ist der erste Schritt, um zu erkennen, welchen Einfluss sie auf Ihr Leben haben. Es geht nicht darum, Ihre Mutter als Bösewicht abzustempeln, sondern darum, Klarheit über die Dynamiken zu gewinnen, die Ihre emotionale und psychologische Welt geprägt haben.

Die Auswirkungen auf Söhne: Emotionale und psychologische Auswirkungen

Das Aufwachsen mit einer narzisstischen Mutter hinterlässt einen bleibenden Eindruck in Ihrer emotionalen und psychologischen Entwicklung. Als Sohn standen Sie möglicherweise vor besonderen Herausforderungen, als Sie mit ihren Erwartungen, Anforderungen und Verhaltensweisen zurechtkamen. Diese Herausforderungen manifestieren sich häufig in einer Weise, die sich auf Ihre Selbstwahrnehmung, Ihre Beziehungen und Ihre allgemeine psychische Gesundheit auswirkt.

Eine der tiefgreifendsten Auswirkungen ist die Erosion des Selbstwertgefühls. Die ständige Kritik oder bedingte Liebe einer narzisstischen Mutter kann Ihnen das Gefühl geben, nie gut genug zu sein. Möglicherweise haben Sie ihre negativen Botschaften verinnerlicht, was zu einem harten inneren Kritiker geführt hat, der Ihnen bis ins Erwachsenenalter folgt. Dieser Mangel an Selbstwertgefühl kann sich in Perfektionismus, Übererfüllung oder der Unfähigkeit, dem eigenen Urteil zu vertrauen, äußern.

Möglicherweise hat die Beziehung auch ein Gefühl von Schuld und Scham gefördert. Narzisstische Mütter nutzen Schuldgefühle oft als Mittel, um ihre Kinder zu kontrollieren und ihnen das Gefühl zu geben, für ihre Gefühle und ihr Wohlbefinden verantwortlich zu sein.

Möglicherweise sind Sie mit dem Glauben aufgewachsen, dass es Ihre Aufgabe sei, sie glücklich zu machen, selbst auf Kosten Ihrer eigenen Bedürfnisse. Diese Schuldgefühle können es schwierig machen, Grenzen zu setzen, da Sie befürchten, als egoistisch oder undankbar wahrgenommen zu werden.

Eine weitere häufige Auswirkung sind Schwierigkeiten beim emotionalen Ausdruck. In einem Haushalt, der von einer narzisstischen Mutter dominiert wird, wurden Ihre Gefühle möglicherweise abgetan, entkräftet oder gegen Sie verwendet. Mit der Zeit haben Sie vielleicht gelernt, Ihre Gefühle zu unterdrücken, um Konflikte oder Ablehnung zu vermeiden. Als Erwachsener kann es schwierig sein, sich mit den eigenen Emotionen auseinanderzusetzen oder sie auf gesunde Weise auszudrücken.

Die Auswirkungen erstrecken sich oft auf Ihre Beziehungen zu anderen. Das Verhalten einer narzisstischen Mutter kann Muster der Unsicherheit und Abhängigkeit hervorrufen, die sich in Beziehungen zwischen Erwachsenen auswirken. Möglicherweise suchen Sie die Zustimmung oder Bestätigung anderer, was die Dynamik widerspiegelt, die Sie mit Ihrer Mutter hatten. Alternativ könnten Sie Probleme mit Vertrauen und Intimität haben und Angst vor Verletzlichkeit aufgrund der emotionalen Wunden aus Ihrer Kindheit haben.

Eine weitere wesentliche Auswirkung ist die Schwierigkeit, Grenzen festzulegen. Eine narzisstische Mutter missachtet oft die Autonomie ihres Kindes, was es schwierig macht, ein klares Selbstbewusstsein zu entwickeln. Als Erwachsener fällt es Ihnen möglicherweise schwer, Ihre Bedürfnisse durchzusetzen, Nein zu sagen oder sich vor toxischen Verhaltensweisen zu schützen. Dies kann zu Gefühlen von Groll, Erschöpfung und Frustration führen, wenn Sie Beziehungen und Verantwortlichkeiten bewältigen.

Zu den psychologischen Auswirkungen können auch Angstzustände, Depressionen oder ein allgegenwärtiges Gefühl der Leere gehören. Wenn Sie in einer Umgebung aufwachsen, in der Ihre Bedürfnisse zweitrangig waren, kann das dazu führen, dass Sie sich von sich selbst abgekoppelt fühlen und unsicher über Ihr Ziel sind. Möglicherweise beschäftigen Sie sich mit Fragen wie: „Wer bin ich?" und „Was will ich wirklich?" während Sie daran arbeiten, Ihre Identität vom Einfluss Ihrer Mutter zu entwirren.

Trotz dieser Herausforderungen ist es wichtig zu erkennen, dass Heilung möglich ist. Der erste Schritt besteht darin, zu verstehen, wie das Verhalten Ihrer Mutter Ihre Erfahrungen geprägt hat, und die Auswirkungen anzuerkennen, die es auf Ihr Leben hatte. Dieses Bewusstsein ermöglicht es Ihnen, den Prozess der Neudefinition nach Ihren eigenen Vorstellungen zu beginnen, frei von den Zwängen ihrer Erwartungen und Anforderungen.

Dieses Buch soll Sie auf dieser Reise begleiten und Einblicke, Werkzeuge und Strategien bieten, die Ihnen dabei helfen, Ihr Selbstbewusstsein zurückzugewinnen und ein Leben aufzubauen, das auf Authentizität und Selbstliebe basiert. Indem Sie die Merkmale und Verhaltensweisen einer narzisstischen Mutter erkennen und deren Auswirkungen verstehen, befähigen Sie sich, aus dem Kreislauf auszubrechen und eine neue Erzählung für Ihr Leben zu entwerfen.

Kapitel 2

Die stillen Kämpfe erwachsener Söhne

Häufige Herausforderungen: Geringes Selbstwertgefühl und Selbstzweifel

Als Sohn einer narzisstischen Mutter aufzuwachsen kann tiefe emotionale Narben hinterlassen, von denen viele bis weit ins Erwachsenenalter bestehen bleiben können. Eine der tiefgreifendsten und schädlichsten Hinterlassenschaften dieser Erziehung ist die Entwicklung eines geringen Selbstwertgefühls und chronischer Selbstzweifel. Diese inneren Kämpfe laufen oft im Stillen ab und wirken sich auf Ihre Entscheidungen, Beziehungen und Ihr allgemeines Identitätsgefühl aus.

Die Wurzeln eines geringen Selbstwertgefühls liegen typischerweise in der unerbittlichen Kritik, der bedingten Liebe und der emotionalen Vernachlässigung in der Kindheit. Die Zustimmung einer narzisstischen Mutter hängt oft von Ihrer Fähigkeit ab, ihre Erwartungen zu erfüllen, die unrealistisch sein oder sich ständig ändern können. Lob wurde möglicherweise nur sparsam und nur dann gegeben, wenn Ihre Handlungen dazu dienten, ihr Image zu verbessern oder ihre Bedürfnisse zu erfüllen. Diese Dynamik fördert das Gefühl, dass Ihr Wert ausschließlich davon abhängt, was Sie für andere tun können, und lässt wenig Raum für Selbstakzeptanz.

Daher kann es für Sie schwierig sein, an Ihren inneren Wert zu glauben. Das ständige Bedürfnis, sich Ihrer Mutter gegenüber zu beweisen, gepaart mit ihrer Tendenz, Ihre Leistungen herabzusetzen, kann zu einer verinnerlichten Erzählung von Unzulänglichkeit führen. Diese Erzählung könnte sich als harter innerer Kritiker manifestieren, der Ihre Fähigkeiten unerbittlich in Frage stellt, Ihre Entscheidungen hinterfragt und Ihr Selbstvertrauen untergräbt.

Selbstzweifel sind eine weitere häufige Herausforderung, die eng mit einem geringen Selbstwertgefühl verbunden ist. Wenn Sie in einer Umgebung aufwachsen, in der Ihre Gefühle und Wahrnehmungen abgelehnt oder entwertet wurden, kann dies dazu führen, dass Sie Ihr eigenes Urteilsvermögen in Frage stellen. Eine narzisstische Mutter verdreht die Realität oft so, dass sie zu ihrer Erzählung passt, sodass Sie sich fragen, ob Ihre Erfahrungen legitim sind oder ob Sie überreagieren. Dieses Gaslighting kann Ihr Vertrauen in sich selbst untergraben und es schwierig machen, mit Sicherheit und Überzeugung durch das Leben zu navigieren.

Diese Herausforderungen bestehen nicht isoliert. Ein geringes Selbstwertgefühl und Selbstzweifel können Ihre Karriere, Ihre Beziehungen und sogar Ihre körperliche Gesundheit beeinträchtigen. Möglicherweise halten Sie sich aus Angst vor Misserfolg oder Ablehnung davon ab, Chancen wahrzunehmen. In Beziehungen geben Sie sich möglicherweise mit weniger zufrieden, als Sie verdienen, weil Sie glauben, dass Sie der Liebe, des Respekts oder der Freundlichkeit nicht würdig sind. Dieses Muster kann Gefühle der Frustration, Traurigkeit und sogar Hoffnungslosigkeit aufrechterhalten.

Um sich aus diesen Kämpfen zu befreien, müssen Sie ihre Ursprünge erkennen und verstehen, dass sie nicht Ihren wahren Wert widerspiegeln. Ihr Wert wird nicht durch Ihre Fähigkeit definiert, die Erwartungen anderer zu erfüllen, und er wird auch nicht durch die Kritik gemindert, die Sie ertragen mussten. Heilung beginnt damit, die negativen Überzeugungen, die Sie über sich selbst haben, in Frage zu stellen und sie durch die Bestätigung Ihrer inhärenten Werte und Fähigkeiten zu ersetzen.

Die Suche nach Genehmigung und Validierung

Für viele Söhne narzisstischer Mütter wird die Suche nach Anerkennung und Bestätigung zu einem lebenslangen Unterfangen. Dieses Bedürfnis ist tief verwurzelt und stammt aus einer Kindheit, in der die Zustimmung oft verweigert oder nur unter bestimmten Bedingungen erteilt wurde. Das Ergebnis ist ein unstillbarer Hunger nach äußerer Bestätigung, während Sie versuchen, die Lücke zu füllen, die durch die Unfähigkeit Ihrer Mutter, bedingungslose Liebe und Akzeptanz zu vermitteln, entstanden ist.

In Ihrer Kindheit haben Sie vielleicht gelernt, dass die Zustimmung Ihrer Mutter an Ihre Leistung gebunden ist, sei es in der Schule, beim Sport oder in sozialen Situationen. Ihre Liebe mag sich an Bedingungen geknüpft angefühlt haben, die ihr nur gewährt wurde, wenn ihr auf eine Art und Weise hervorragende Leistungen erbracht habt, die ein gutes Licht auf sie geworfen haben. Diese Dynamik lehrt Sie, Ihren Wert mit Ihren Leistungen gleichzusetzen und so einen unermüdlichen Drang zum Erfolg und zum Gefallen anderer zu entwickeln. Doch egal wie viel Sie erreichen, das Gefühl der Erfüllung bleibt oft unerreichbar, da die Zustimmung, die Sie erhalten, die Lücke nie ganz füllt.

Als Erwachsener kann sich diese Suche nach Bestätigung auf verschiedene Weise manifestieren. Möglicherweise suchen Sie ständig nach Lob von Chefs, Freunden oder romantischen Partnern, in der Hoffnung, ein Gefühl der Wertschätzung zu verspüren. Möglicherweise überfordern Sie sich, indem Sie auf jede Anfrage „Ja" sagen oder alles tun, um Anerkennung zu erlangen. Auch wenn dieses Verhalten zu kurzfristigen

Belohnungen führen kann, führt es oft dazu, dass Sie sich erschöpft und unerfüllt fühlen, da die Bestätigung, die Sie suchen, nie wirklich das tiefere emotionale Bedürfnis befriedigt.

Die Suche nach Anerkennung kann auch zu menschenfreundlichen Tendenzen führen, bei denen Sie den Bedürfnissen und Wünschen anderer Vorrang vor Ihren eigenen geben. Dieses Muster wurzelt in der Angst vor Ablehnung oder Kritik, die sich unerträglich anfühlen kann, nachdem man sie jahrelang von der Mutter erfahren hat. Indem Sie sich alle Mühe geben, andere glücklich zu machen, hoffen Sie, Konflikte zu vermeiden und ihre Akzeptanz zu gewinnen. Allerdings geht dies oft zu Lasten des eigenen Wohlbefindens, da man seine Bedürfnisse vernachlässigt und sein wahres Selbst unterdrückt.

Dieser Kampf kann sich auch in der Tendenz manifestieren, sich mit anderen zu vergleichen. Wenn Sie mit einer narzisstischen Mutter aufwachsen, die Sie ständig mit Geschwistern, Gleichaltrigen oder sogar Fremden vergleicht, kann das Gefühl entstehen, dass Sie immer hinter den Erwartungen zurückbleiben. Als Erwachsener messen Sie möglicherweise Ihren Wert an den Leistungen, dem Aussehen oder dem Lebensstil anderer. Dieser ständige Vergleich kann Gefühle von Neid, Unzulänglichkeit und Unzufriedenheit hervorrufen und den Glauben, dass man nicht genug ist, weiter verstärken.

Die Suche nach Bestätigung kann sich auch auf Ihre Beziehungen auswirken. Möglicherweise tendieren Sie zu Partnern, die die Dynamik widerspiegeln, die Sie mit Ihrer Mutter erlebt haben, und suchen deren Zustimmung, während Sie Kritik oder Vernachlässigung tolerieren. Alternativ fällt es Ihnen vielleicht schwer, Liebe und Bestätigung von anderen anzunehmen, weil es sich fremd oder unverdient anfühlt. Dieses Paradoxon kann einen Kreislauf der Sehnsucht nach Verbindung erzeugen und diese gleichzeitig verdrängen, sodass Sie sich isoliert und missverstanden fühlen.

Um sich von diesem Muster zu befreien, müssen Sie Ihren Fokus nach innen verlagern und lernen, sich selbst die Zustimmung und Bestätigung zu verschaffen, die Sie suchen. Dies beginnt mit der Erkenntnis, dass Ihr Wert nicht von externen Faktoren oder der Meinung anderer abhängt. Sie sind von Natur aus wertvoll und verdienen Liebe und Respekt, einfach weil Sie existieren.

Die Kultivierung von Selbstmitgefühl ist ein entscheidender Schritt in diesem Prozess. Anstatt sich selbst hart zu verurteilen oder nach Perfektion zu streben, üben Sie sich in Freundlichkeit und Verständnis gegenüber sich selbst aus. Erkennen Sie Ihre Bemühungen an, feiern Sie Ihre Erfolge und erinnern Sie sich daran, dass Fehler und Unvollkommenheiten zum Menschsein gehören.

Zur Selbstbestätigung gehört auch das Setzen von Grenzen und das Priorisieren Ihrer Bedürfnisse. Indem Sie bei Bedarf „Nein" zu anderen sagen und sich Zeit für Selbstfürsorge nehmen, vermitteln Sie sich selbst die Botschaft, dass Ihr Wohlbefinden wichtig ist. Mit der Zeit kann Ihnen diese Praxis dabei helfen, den Teufelskreis des Gefallens zu durchbrechen und ein stärkeres Selbstwertgefühl zu entwickeln.

Schließlich kann die Umgebung mit unterstützenden, bestätigenden Beziehungen dazu beitragen, Ihren Weg zur Selbstakzeptanz zu stärken. Suchen Sie Freunde, Mentoren oder Therapeuten auf, die Ihre Erfahrungen verstehen und bestätigen und Ihnen Ermutigung und Anleitung geben, während Sie an der Heilung arbeiten.

Die Suche nach Anerkennung und Bestätigung ist eine herausfordernde, aber transformative Reise. Indem Sie Ihren Fokus von externen Quellen auf Ihre eigene innere Stärke verlagern, können Sie beginnen, ein Leben aufzubauen, das auf Authentizität und Selbstliebe basiert. Bei diesem Prozess geht es nicht darum, die Meinungen anderer vollständig abzulehnen, sondern darum zu erkennen, dass ihre Zustimmung ein Bonus und keine Voraussetzung für Ihr Glück und Ihre Erfüllung ist.

Indem Sie diese stillen Kämpfe verstehen und ihre zugrunde liegenden Ursachen angehen, können Sie beginnen, Ihr Leben zurückzugewinnen und Ihre Erzählung neu zu schreiben. Die Reise mag lang sein, aber sie ist eine Reise tiefgreifenden Wachstums und Selbstbestimmung, die Sie in eine Zukunft führt, die von Selbstvertrauen, Belastbarkeit und echtem Selbstwertgefühl geprägt ist.

Kapitel 3

Den Kreislauf von Schuld und Scham durchbrechen

Manipulation und Gaslighting erkennen

Schuld und Scham sind die Eckpfeiler der Kontrolle in einer Beziehung mit einer narzisstischen Mutter. Sie werden oft durch Manipulation und Gaslighting eingebettet, Werkzeuge, die sie nutzt, um ihre Macht aufrechtzuerhalten und Ihren Realitätssinn zu untergraben. Zu verstehen, wie diese Taktiken funktionieren, ist ein entscheidender Schritt, um sich aus ihrem Griff zu befreien.

Die Manipulation durch eine narzisstische Mutter kann subtil oder offenkundig sein. Dabei geht es oft darum, Ihre Worte zu verdrehen, Ihre Gefühle abzutun oder Ihre Verletzlichkeit gegen Sie auszunutzen. Sie stellt ihre Handlungen möglicherweise als Akte der Liebe oder des Mitgefühls dar, selbst wenn sie auf Kontrolle beruhen. Sie könnte zum Beispiel darauf bestehen, dass sie weiß, was das Beste für Sie ist, und Ihre Entscheidungen als schlecht oder fehlgeleitet abtun. Dies untergräbt Ihre Autonomie, sodass Sie Ihre

Entscheidungen hinterfragen und an Ihrer Fähigkeit zweifeln, das Leben unabhängig zu meistern.

Emotionale Manipulation geht oft mit Schuldgefühlen einher. Eine narzisstische Mutter stellt sich möglicherweise als Opfer dar, betont ihre Opferbereitschaft und stellt Ihre Unabhängigkeit als Undankbarkeit dar. Möglicherweise hören Sie Sätze wie „Nach allem, was ich für Sie getan habe" oder „Ich habe so viel für Sie aufgegeben", die Ihnen das Gefühl geben sollen, ihren Wünschen nachzukommen. Diese Schuldgefühle können lähmend sein und Sie in einem Teufelskreis gefangen halten, in dem Sie versuchen, ihr zu gefallen, während Sie Ihre eigenen Bedürfnisse vernachlässigen.

Gaslighting ist ein weiteres mächtiges Werkzeug in ihrem Arsenal. Diese psychologische Taktik beinhaltet die Verzerrung Ihrer Wahrnehmung der Realität, um Sie dazu zu bringen, Ihr Gedächtnis, Ihre Gefühle und Ihr Urteilsvermögen in Frage zu stellen. Eine narzisstische Mutter könnte Dinge, die sie gesagt oder getan hat, leugnen, Ihnen vorwerfen, überempfindlich zu sein, oder vorschlagen, dass Ihre Erfahrungen übertrieben sind. Mit der Zeit kann dies Ihr Vertrauen in Ihre Fähigkeit, die Realität zu interpretieren, untergraben und Sie von ihrer Version der Ereignisse abhängig machen.

Wenn Sie sie beispielsweise wegen verletzenden Verhaltens zur Rede stellen, antwortet sie möglicherweise mit „Das habe ich nie gesagt" oder „Sie bilden sich das nur ein." Dies leugnet Ihre Gefühle und Erfahrungen und lässt Sie an Ihrem Gedächtnis oder Ihren emotionalen Reaktionen zweifeln. Dabei stärkt sie ihre Kontrolle über die Erzählung und stellt sicher, dass ihre Perspektive dominant bleibt.

Um Manipulation und Gaslighting zu erkennen, müssen Sie einen Schritt zurücktreten und die Muster in Ihren Interaktionen untersuchen. Fragen Sie sich: Fühle ich mich nach Gesprächen mit ihr oft verwirrt, schuldig oder unsicher? Werden meine Gefühle regelmäßig abgetan oder entkräftet? Muss ich mich entschuldigen, auch wenn ich nichts falsch gemacht habe? Dies sind Schlüsselindikatoren dafür, dass Manipulation oder Gaslighting im Spiel sein könnten.

Sobald Sie diese Taktiken erkannt haben, ist es wichtig, Ihre Realität zu bestätigen und Ihren Wahrnehmungen zu vertrauen. Ein Tagebuch kann hierfür ein hilfreiches Werkzeug sein, mit dem Sie Ihre Erfahrungen dokumentieren und später zur Verdeutlichung noch einmal Revue passieren lassen können. Der Austausch Ihrer Erfahrungen mit vertrauenswürdigen Freunden, Therapeuten oder Selbsthilfegruppen kann ebenfalls eine Bestätigung sein und Ihnen helfen, Wahrheit von Manipulation zu unterscheiden.

Um sich von Manipulation und Gaslighting zu befreien, müssen Sie Ihr Selbstbewusstsein zurückgewinnen und Ihrer inneren Stimme vertrauen. Es ist ein Prozess, der Zeit braucht, aber mit Bewusstsein und Unterstützung können Sie beginnen, das Netz der Kontrolle zu entwirren und in eine klarere, stärkere Perspektive einzutreten.

Die Angst vor dem Setzen von Grenzen überwinden

Eine der größten Herausforderungen für Söhne narzisstischer Mütter ist das Setzen von Grenzen. Als Erwachsener wurden Grenzen möglicherweise ignoriert, missachtet oder direkt bestraft. Infolgedessen kann sich die bloße Vorstellung, Ihre Bedürfnisse geltend zu machen oder ihren Zugang zu Ihrem Leben einzuschränken, erschreckend anfühlen, als ob Sie sie verraten oder zu Vergeltung einladen würden. Dennoch ist es wichtig, Grenzen zu setzen, um den Teufelskreis aus Schuld und Scham zu durchbrechen.

Die Angst davor, Grenzen zu setzen, rührt oft von Kindheitserlebnissen her, in denen Ihre Versuche der Unabhängigkeit oder Selbstbehauptung auf Kritik, Schuldgefühle oder Wut gestoßen sind. Eine narzisstische Mutter hat möglicherweise Grenzen als egoistische oder undankbare Handlungen dargestellt, sodass Sie das Gefühl haben, dass es falsch war, Ihrem Wohlbefinden Priorität einzuräumen. Diese Konditionierung kann zu einem inneren Konflikt führen, bei dem Sie sich schützen möchten, aber die Konsequenzen fürchten, die dies mit sich bringt.

Als Erwachsener kann sich diese Angst in der Unfähigkeit äußern, „Nein" zu sagen, in einem Widerwillen, sich ihrem Verhalten zu stellen, oder in einer Tendenz, sich zu überanstrengen, um den Frieden zu wahren. Es könnte sein, dass Sie ihren Bedürfnissen Vorrang vor Ihren eigenen geben, selbst wenn es Ihnen emotionale oder körperliche Belastung bereitet. Mit der Zeit kann diese Dynamik zu Ressentiments, Burnout und einem verminderten Selbstwertgefühl führen.

Um diese Angst zu überwinden, muss man neu definieren, was Grenzen bedeuten. Bei Grenzen geht es nicht um Bestrafung oder Ablehnung; Es geht darum, einen Raum zu schaffen, in dem Ihre Bedürfnisse, Gefühle und Autonomie respektiert werden. Sie sind ein Akt der Selbstfürsorge und Selbstachtung, kein Egoismus.

Fangen Sie klein an, indem Sie Bereiche in Ihrem Leben identifizieren, in denen sich ihr Einfluss überwältigend oder schädlich anfühlt. Dies können ständige Telefonanrufe, unaufgeforderte Ratschläge oder Zeitaufwand sein. Überlegen Sie, wie Sie sich durch diese Interaktionen fühlen und welche Veränderungen Ihnen helfen würden, das Gefühl der Kontrolle zurückzugewinnen.

Sobald Sie die Bereiche identifiziert haben, in denen Grenzen erforderlich sind, üben Sie, diese klar und selbstbewusst zu formulieren. Verwenden Sie

„Ich"-Aussagen, um Ihre Bedürfnisse auszudrücken, ohne Vorwürfe zu machen oder anzugreifen. Zum Beispiel: „Ich brauche Zeit, um mich auf meine eigenen Prioritäten zu konzentrieren" oder „Ich fühle mich gerade nicht wohl dabei, dieses Thema zu diskutieren." Halten Sie Ihre Kommunikation geradlinig und bestimmt und vermeiden Sie die Versuchung, Ihre Entscheidungen zu sehr zu erklären oder zu rechtfertigen.

Es ist wichtig, Widerstand zu antizipieren. Eine narzisstische Mutter stößt wahrscheinlich gegen Grenzen, da diese ihre Kontrolle herausfordern. Sie reagiert möglicherweise mit Schuldgefühlen, Wut oder dem Versuch, Ihre Entschlossenheit zu untergraben. Erkennen Sie diese Reaktionen als das, was sie sind – ein Ausdruck ihres Unbehagens über den Machtverlust und keine berechtigte Kritik an Ihren Handlungen.

Die Wahrung von Grenzen erfordert Beständigkeit und Belastbarkeit. Erinnern Sie sich daran, dass Sie nicht für ihre Gefühle oder Reaktionen verantwortlich sind. Ihr Unbehagen über Ihre Grenzen bedeutet nicht, dass Sie falsch liegen, wenn Sie diese festlegen. Tatsächlich ist das Unbehagen ein Zeichen dafür, dass es Ihnen gelingt, die Kontrollmuster zu durchbrechen und Ihre Autonomie zurückzugewinnen.

Die Suche nach Unterstützung kann in diesem Prozess von unschätzbarem Wert sein. Therapeuten, Selbsthilfegruppen oder vertrauenswürdige Freunde können Ihnen Anleitung, Ermutigung und Perspektive bieten, während Sie die Herausforderungen meistern, Grenzen zu setzen und aufrechtzuerhalten. Sie können Ihnen auch dabei helfen, die möglicherweise auftretenden Schuldgefühle und Ängste zu verarbeiten, und Ihnen die Gewissheit geben, dass es nicht egoistisch, sondern notwendig ist, Ihrem Wohlbefinden Priorität einzuräumen.

Die Angst davor, Grenzen zu setzen, zu überwinden, ist eine Reise der Ermächtigung. Es geht darum, sich mit lang gehegten Überzeugungen auseinanderzusetzen, tief verwurzelte Ängste in Frage zu stellen und in der Verpflichtung zu sich selbst standhaft zu bleiben. Auch wenn es zunächst unangenehm sein mag, bringt Sie jeder Schritt, den Sie unternehmen, um gesunde Grenzen zu setzen, einem Leben näher, das von Freiheit, Selbstachtung und emotionalem Gleichgewicht geprägt ist.

Den Teufelskreis aus Schuld und Scham zu durchbrechen ist nicht einfach, aber möglich. Indem Sie Manipulation und Gaslighting erkennen und lernen, Grenzen zu setzen, können Sie beginnen, Ihr Selbstbewusstsein zurückzugewinnen und ein Leben zu schaffen, das auf Authentizität und Selbstwertgefühl basiert. Diese Reise ist eine Reise voller Mut und Transformation und führt Sie in eine Zukunft, in der Schuld und Scham keine Macht mehr über Sie haben.

Kapitel 4

Verstehen Sie Ihren emotionalen Bauplan

Wie narzisstische Erziehung Ihre Beziehungen prägt

Die Beziehung zwischen einem Sohn und einer narzisstischen Mutter bildet oft die Grundlage dafür, wie er sein Leben lang Beziehungen angeht. Dieser emotionale Bauplan entsteht in der Kindheit, als Sie gelernt haben, mit ihren Erwartungen, ihrer Kritik und ihrer emotionalen Manipulation umzugehen. Während die von Ihnen entwickelten Muster für das Überleben in dieser Umgebung notwendig waren, können sie nachhaltige Auswirkungen auf Ihre Erwachsenenbeziehungen haben und die Art und Weise beeinflussen, wie Sie sich mit anderen verbinden und wie Sie sich selbst innerhalb dieser Verbindungen wahrnehmen.

Eine der wichtigsten Möglichkeiten, wie narzisstische Erziehung Beziehungen beeinflusst, ist die Entwicklung von Bindungsstilen. Kinder narzisstischer Mütter wachsen oft in einer Umgebung auf, in der Liebe und

Anerkennung an Bedingungen geknüpft sind. Dies kann zu ängstlichen oder vermeidenden Bindungsmustern führen. Möglicherweise sind Sie bei der Bestätigung übermäßig auf andere angewiesen und suchen ständig nach der Gewissheit, dass Sie geliebt und geschätzt werden. Alternativ könnten Sie emotionale Intimität ganz meiden, aus Angst vor Verletzlichkeit aufgrund des Schmerzes, den sie in Ihrer Vergangenheit verursacht hat.

Vertrauen ist ein weiterer Bereich, der häufig von narzisstischer Erziehung betroffen ist. Eine Mutter, die manipuliert, lügt oder Gaslicht macht, kann es Ihnen schwer machen, anderen zu vertrauen, selbst denen, die gute Absichten haben. Möglicherweise stellen Sie ständig die Motive Ihrer Mitmenschen in Frage, aus Angst vor Verrat oder Ablehnung. Dieses Misstrauen kann zu Barrieren in Beziehungen führen und Sie daran hindern, tiefe und sinnvolle Verbindungen aufzubauen.

Konfliktlösung ist ein weiterer Bereich, der von Ihren frühen Erfahrungen geprägt ist. Das Erwachsenwerden, das Ausdrücken seiner Gefühle oder das Geltendmachen seiner Bedürfnisse wurde möglicherweise mit Kritik oder Bestrafung beantwortet. Infolgedessen fällt es Ihnen möglicherweise schwer, Konflikte auf gesunde Weise anzugehen. Möglicherweise vermeiden Sie Konfrontationen ganz, weil Sie befürchten, dass sie zu Ablehnung führen oder zu emotionalem Schaden führen könnten. Umgekehrt könnten Sie auf Konflikte mit Abwehrhaltung oder Wut reagieren, was die unbeständigen Dynamiken widerspiegelt, die Sie in Ihrer Beziehung zu Ihrer Mutter beobachtet haben.

Der Einfluss narzisstischer Erziehung kann sich auch in der Tendenz äußern, toxische Beziehungen anzuziehen oder zu tolerieren. Da Sie darauf konditioniert wurden, die Bedürfnisse anderer über Ihre eigenen zu stellen, fühlen Sie sich möglicherweise zu Partnern hingezogen, die die Dynamik widerspiegeln, die Sie mit Ihrer Mutter hatten. Diese Beziehungen können Kontrolle, Kritik oder emotionale Unverfügbarkeit beinhalten und den Glauben verstärken, dass Liebe so aussieht. Alternativ könnten Sie die Rolle des Betreuers übernehmen und Ihr eigenes Wohlbefinden opfern, um einen Partner zu unterstützen, der ständige Aufmerksamkeit und Bestätigung verlangt.

Die Wirkung geht über romantische Beziehungen hinaus. Freundschaften, die Dynamik am Arbeitsplatz und sogar Ihre Interaktionen mit Fremden können von Ihrem emotionalen Plan geprägt werden. Es kann sein, dass Sie zu viel kompensieren, um Anerkennung zu erhalten, Angst vor der Ablehnung von Kollegen oder Bekannten haben oder Schwierigkeiten haben, Ihren Freunden Grenzen zu setzen.

Zu verstehen, wie narzisstische Elternschaft Ihre Beziehungen beeinflusst hat, ist der erste Schritt zur Veränderung. Wenn Sie diese Muster erkennen, können Sie beginnen, sie in Frage zu stellen und durch gesündere Ansätze zu ersetzen. Es geht darum, Selbstbewusstsein zu entwickeln, Selbstmitgefühl zu kultivieren und neue Wege zu erlernen, mit anderen in Kontakt zu treten, die auf gegenseitigem Respekt und emotionalem Gleichgewicht basieren.

Toxische Muster erkennen und heilen

Um aus den Zyklen von Schmerz und Dysfunktion auszubrechen, die durch narzisstische Erziehung entstehen, ist es wichtig, die toxischen Muster, die sich in Ihrem Leben eingenistet haben, zu erkennen und zu heilen. Diese Muster können sich in Verhaltensweisen, Denkprozessen oder emotionalen Reaktionen manifestieren, die Ihnen nicht mehr dienen und stattdessen Schuld-, Scham- oder Unzulänglichkeitsgefühle aufrechterhalten.

Eines der häufigsten toxischen Muster ist die Gefälligkeit gegenüber Menschen. Da Sie in einer Umgebung aufgewachsen sind, in der Ihr Wert von Ihrer Fähigkeit abhängt, die Bedürfnisse Ihrer Mutter zu erfüllen, fällt es Ihnen möglicherweise schwer, Nein zu sagen oder Ihr eigenes Wohlergehen in den Vordergrund zu stellen. Dieses Muster kann dazu führen, dass Sie sich ausgelaugt und verärgert fühlen, da Sie ständig die Wünsche anderer über Ihre eigenen stellen.

Ein weiteres toxisches Muster ist Selbstsabotage. Verinnerlichte Kritik eines narzisstischen Elternteils kann zu einer Angst vor dem Scheitern – oder sogar vor dem Erfolg – führen, die Sie daran hindert, Ihre Ziele zu verfolgen. Möglicherweise zögern Sie, gehen Herausforderungen aus dem Weg oder spielen Ihre Erfolge herunter, weil Sie tief in Ihrem Inneren glauben, dass Sie weder Erfolg noch Glück wert sind.

Negative Selbstgespräche sind ein weiteres Erbe narzisstischer Erziehung. Möglicherweise haben Sie die kritische Stimme Ihrer Mutter verinnerlicht, was dazu führt, dass Sie sich ständig hart beurteilen. Dieser innere Dialog kann Ihr Selbstwertgefühl untergraben und es schwierig machen, Ihre Stärken zu feiern oder Ihre Fortschritte anzuerkennen.

Grenzprobleme entstehen oft auch durch toxische Muster. Möglicherweise fällt es Ihnen schwer, Ihre Bedürfnisse durchzusetzen oder Ihren emotionalen Raum zu schützen, weil Sie Angst vor Ablehnung oder Konflikten haben. Umgekehrt könnten Sie zu starre Grenzen errichten und andere ausschließen, um Verwundbarkeit zu vermeiden. Beide Extreme können Ihre Fähigkeit beeinträchtigen, gesunde Beziehungen aufzubauen und ein ausgeglichenes Leben zu führen.

Das Erkennen dieser Muster erfordert Selbstbeobachtung und Ehrlichkeit. Nehmen Sie sich Zeit, über Ihr Verhalten, Ihre Gedanken und emotionalen Reaktionen nachzudenken. Überlegen Sie, wie sie mit

Ihren Erfahrungen mit narzisstischer Erziehung übereinstimmen. Stellen Sie sich Fragen wie: Vermeide ich es, meine Bedürfnisse auszudrücken, aus Angst, andere zu verärgern? Suche ich Bestätigung durch Übererfüllung oder Selbstaufopferung? Toleriere ich Misshandlungen, weil ich glaube, dass ich sie verdiene?

Sobald Sie toxische Muster identifiziert haben, kann der Heilungsprozess beginnen. Eines der wirksamsten Werkzeuge zur Heilung ist Selbstmitgefühl. Gönnen Sie sich die Freundlichkeit und das Verständnis, die Sie von Ihrer Mutter möglicherweise nicht erhalten haben. Erinnern Sie sich daran, dass Ihr Wert nicht von der Zustimmung anderer oder Ihrer Fähigkeit, deren Erwartungen zu erfüllen, abhängt.

Auch die Therapie kann eine unschätzbare Ressource sein. Ein erfahrener Therapeut kann Ihnen dabei helfen, die Wurzeln Ihrer Muster zu erforschen, gesündere Bewältigungsmechanismen zu entwickeln und neue Wege im Umgang mit sich selbst und anderen einzuüben. Die kognitive Verhaltenstherapie (CBT) kann Ihnen beispielsweise dabei helfen, negative Gedankenmuster neu zu definieren, während traumafokussierte Therapien die tieferen Wunden behandeln können, die Ihre Erziehung hinterlassen hat.

Journaling ist ein weiteres wirksames Instrument zur Heilung. Das Aufschreiben Ihrer Gedanken und Gefühle kann Ihnen helfen, Ihre Erfahrungen zu verarbeiten, wiederkehrende Muster zu erkennen und Ihre

Fortschritte im Laufe der Zeit zu verfolgen. Es kann auch als eine Form der Selbstbestätigung dienen und Ihre Gefühle und Erfahrungen auf eine Weise bestätigen, die Ihnen in Ihrer Kindheit möglicherweise verweigert wurde.

Zur Heilung toxischer Muster gehört auch das Setzen und Aufrechterhalten von Grenzen. Lernen Sie, bei Bedarf Nein zu sagen, Ihre Bedürfnisse zu priorisieren und Ihr emotionales Wohlbefinden zu schützen. Auch wenn sich das zunächst unangenehm anfühlen mag, ist es ein wichtiger Schritt, um Ihr Selbstwertgefühl zurückzugewinnen und eine gesündere Dynamik in Ihren Beziehungen zu schaffen.

Wenn Sie sich mit unterstützenden, verständnisvollen Menschen umgeben, kann dies Ihre Heilungsreise weiter unterstützen. Suchen Sie nach Freunden, Mentoren oder Selbsthilfegruppen, die Ihre Erfahrungen bestätigen und Ihr Wachstum fördern. Diese Beziehungen können Ihnen einen sicheren Raum bieten, in dem Sie neue Verhaltensweisen üben, Feedback erhalten und Vertrauen in Ihre Fähigkeit aufbauen können, auf gesunde Weise mit anderen in Kontakt zu treten.

Feiern Sie abschließend Ihren Fortschritt, egal wie klein er auch sein mag. Die Heilung von den Auswirkungen narzisstischer Erziehung ist ein komplexer und fortlaufender Prozess. Jeder Schritt, den Sie unternehmen – sei es das Setzen einer Grenze, das

Herausfordern negativer Selbstgespräche oder das Verfolgen eines Ziels – ist ein Beweis für Ihre Stärke und Belastbarkeit.

Das Verständnis Ihrer emotionalen Blaupause und die Auseinandersetzung mit den toxischen Mustern, die Ihr Leben geprägt haben, ist eine transformative Reise. Indem Sie erkennen, wie narzisstische Elternschaft Ihre Beziehungen beeinflusst hat, und aktive Schritte zur Heilung unternehmen, können Sie aus dem Kreislauf von Schmerz und Dysfunktion ausbrechen. Dieser Prozess ermöglicht es Ihnen, eine neue Erzählung für sich selbst zu erstellen – eine, die nicht durch die Grenzen Ihrer Vergangenheit, sondern durch die grenzenlosen Möglichkeiten Ihrer Zukunft definiert wird.

Kapitel 5

Erlangen Sie Ihre Identität zurück

Entdecken Sie Ihr wahres Selbst wieder

Die Rückgewinnung Ihrer Identität beginnt mit der Wiederentdeckung dessen, wer Sie in Ihrem Innersten sind. Für Söhne narzisstischer Mütter kann dies ein herausfordernder Prozess sein, da ein Großteil Ihres Selbstwertgefühls möglicherweise unterdrückt, manipuliert oder von ihren Bedürfnissen und Erwartungen geprägt wurde. Da Sie in einer Umgebung aufgewachsen sind, in der Ihre Gefühle, Wünsche und Ihre Individualität oft abgetan oder entwertet wurden, haben Sie möglicherweise gelernt, Teile Ihrer selbst zu verbergen oder zu minimieren, um Kritik oder Ablehnung zu vermeiden.

Um Ihr wahres Selbst wiederzuentdecken, müssen Sie die Schichten falscher Identitäten und Bewältigungsmechanismen abstreifen, die Sie zum Überleben übernommen haben. Dabei geht es darum, sich grundlegende Fragen zu stellen: Was ist mir wichtig? Was macht mir Freude? Was sind meine Stärken und Leidenschaften? Diese Fragen mögen einfach erscheinen, aber für jemanden, der ein Leben lang im Schatten einer narzisstischen Mutter gelebt hat, scheinen die Antworten schwer zu finden.

Schaffen Sie zu Beginn dieser Reise einen Raum, in dem Sie sich sicher fühlen, sich selbst zu erkunden und auszudrücken, ohne Angst vor einem Urteil zu haben. Dies kann bedeuten, dass Sie Zeit allein verbringen, sich kreativen Aktivitäten widmen oder ein Umfeld suchen, in dem Ihre Individualität gefeiert wird. Journaling kann in diesem Prozess ein wirkungsvolles Werkzeug sein, das es Ihnen ermöglicht, über Ihre Erfahrungen, Gedanken und Emotionen nachzudenken. Schreiben Sie über die Dinge, die Ihnen das Gefühl geben, lebendig zu sein, über die Momente, in denen Sie sich am authentischsten fühlen, und über die Teile von Ihnen, die Sie vernachlässigt oder vergessen haben.

Ein weiterer wichtiger Schritt zur Wiederentdeckung Ihres wahren Selbst besteht darin, Ihre Identität von den Erwartungen und der Kritik Ihrer Mutter zu trennen. Narzisstische Mütter projizieren oft ihre eigenen Wünsche, Unsicherheiten und unerfüllten Bedürfnisse auf ihre Kinder, was es schwierig macht, zwischen dem, was Sie für sich selbst wollen, und dem, was sie für Sie wollte, zu unterscheiden. Denken Sie über die Überzeugungen und Werte nach, die Sie verinnerlicht haben, und überlegen Sie, ob sie wirklich mit Ihnen übereinstimmen oder ob sie Ihnen aufgezwungen wurden.

Beispielsweise könnte es sein, dass Sie dazu ermutigt wurden, eine bestimmte Karriere, einen bestimmten Lebensstil oder bestimmte Verhaltensweisen zu verfolgen, um ihre Zustimmung zu finden. Fragen Sie sich, ob diese Entscheidungen Ihr authentisches Selbst widerspiegeln oder ob sie von dem Wunsch getrieben wurden, ihre Bestätigung zu erhalten. Um Ihre Identität zurückzugewinnen, müssen Sie sich die Erlaubnis geben, die Dinge zu verfolgen, die Ihnen wirklich wichtig sind, auch wenn sie von den Prioritäten abweichen, die Ihnen beigebracht wurden.

Die Auseinandersetzung mit Ihrem inneren Kind ist eine weitere Möglichkeit, sich wieder mit Ihrem wahren Selbst zu verbinden. Das innere Kind stellt den Teil von Ihnen dar, der existierte, bevor der Einfluss des Narzissmus Ihrer Mutter Einzug hielt. Nehmen Sie sich Zeit und erinnern Sie sich daran, wer Sie als Kind waren – Ihre Interessen, Träume und Persönlichkeitsmerkmale. Dies kann Ihnen helfen, die Teile Ihrer selbst zu identifizieren, die möglicherweise unterdrückt oder vergessen wurden.

Auch die Unterstützung durch einen Therapeuten oder Berater kann auf diesem Weg eine wertvolle Hilfe sein. Ein erfahrener Therapeut kann Ihnen helfen, die unterdrückten Aspekte Ihrer Identität aufzudecken, einschränkende Überzeugungen in Frage zu stellen und Ihnen Werkzeuge zur Verfügung zu stellen, mit denen Sie Ihr authentisches Selbst annehmen können. Sie können Ihnen auch dabei helfen, die Trauer oder Wut zu verarbeiten, die Sie über den Verlust der Person empfinden, die Sie hätten sein können, wenn Sie in einer gesünderen Umgebung aufgewachsen wären.

Die Wiederentdeckung Ihres wahren Selbst ist kein einmaliges Ereignis, sondern ein fortlaufender Prozess der Erkundung und des Wachstums. Wenn Sie lernen, Ihren Instinkten zu vertrauen und Ihre Individualität zu würdigen, werden Sie beginnen, ein stärkeres, authentischeres Selbstgefühl aufzubauen. Diese Reise ist eine Rückgewinnung Ihrer Identität und ermöglicht Ihnen, ein Leben zu führen, das ganz und gar Ihr eigenes ist.

Aufbau von Selbstvertrauen und Selbstwertgefühl

Eine lebenslange narzisstische Erziehung kann zu einem fragilen Selbstvertrauen und Selbstwertgefühl führen. Ständige Kritik, emotionale Manipulation und ein Mangel an bedingungsloser Liebe haben Sie möglicherweise dazu gebracht, an Ihren Fähigkeiten zu zweifeln und Ihren Wert in Frage zu stellen. Die Wiederherstellung von Selbstvertrauen und Selbstwertgefühl ist ein entscheidender Teil der Wiedererlangung Ihrer Identität und der Schaffung eines erfüllten Lebens.

Der erste Schritt zum Aufbau von Selbstvertrauen besteht darin, die negativen Überzeugungen, die Sie über sich selbst verinnerlicht haben, in Frage zu stellen. Diese Überzeugungen stammen oft aus der kritischen Stimme Ihrer narzisstischen Mutter, die möglicherweise zu Ihrem eigenen inneren Dialog geworden ist. Denken Sie über die Botschaften nach, die Ihnen als Kind vermittelt wurden – wurde Ihnen gesagt, dass Sie nicht gut genug seien, dass Sie sich Liebe verdienen müssten oder dass Ihr Wert von Ihren Leistungen abhängt? Erkennen Sie diese Botschaften als das, was sie sind: Verzerrungen, die Sie unter ihrer Kontrolle halten sollen.

Ersetzen Sie diese negativen Überzeugungen durch bestätigende, stärkende. Üben Sie Selbstmitgefühl, indem Sie freundlich und verständnisvoll mit sich selbst sprechen. Anstatt sich auf Ihre wahrgenommenen Fehler oder Unzulänglichkeiten zu konzentrieren, feiern Sie Ihre Stärken und Erfolge. Wenn Sie sich zum Beispiel dabei ertappen, dass Sie denken: „Ich werde nie gut genug sein", kontern Sie diesen Gedanken mit: „Ich bin fähig und der Liebe und des Respekts würdig."

Um Selbstvertrauen aufzubauen, muss man auch seine Komfortzone verlassen. Da Sie in einem narzisstischen Haushalt aufgewachsen sind, haben Sie vielleicht gelernt, Risiken oder neue Herausforderungen aus Angst vor Versagen oder Kritik zu meiden. Um Ihr Selbstvertrauen zurückzugewinnen, müssen Sie Wachstums- und Erfolgschancen nutzen, auch wenn diese einschüchternd wirken. Beginnen Sie mit kleinen, überschaubaren Schritten – sei es, ein neues Hobby auszuprobieren, sich in einer Besprechung zu äußern oder sich ein persönliches Ziel zu setzen – und erweitern Sie nach und nach Ihre Komfortzone.

Umgeben Sie sich mit positiven Einflüssen, die Sie erheben und unterstützen. Suchen Sie Beziehungen zu Menschen, die Sie so schätzen, wie Sie sind, und fördern Sie Ihr Wachstum. Distanzieren Sie sich von giftigen Personen, die Ihr Selbstvertrauen untergraben oder negative Muster verstärken. Der Aufbau eines Netzwerks unterstützender Freunde, Mentoren oder Gemeinschaften kann Ihnen dabei helfen, sich selbst durch eine Brille der Akzeptanz und Bestätigung zu sehen.

Um Selbstwertgefühl zu entwickeln, müssen Sie Ihren inneren Wert als Person anerkennen, unabhängig von externen Erfolgen oder Anerkennung. Dies kann besonders herausfordernd sein, wenn Sie in einer Umgebung aufgewachsen sind, in der Liebe und Bestätigung an Bedingungen geknüpft waren. Erinnern Sie sich daran, dass Ihr Wert nicht von Ihrem Erfolg, Ihrer Produktivität oder Ihrer Fähigkeit, die Erwartungen anderer zu erfüllen, abhängt. Du bist es wert, einfach weil du existierst.

Selbstfürsorge ist eine wirksame Möglichkeit, Ihr Selbstwertgefühl zu stärken. Priorisieren Sie Aktivitäten, die Ihr körperliches, emotionales und geistiges Wohlbefinden fördern, sei es Sport treiben, meditieren,

Zeit in der Natur verbringen oder kreativen Leidenschaften nachgehen. Behandeln Sie sich selbst mit der Sorgfalt und dem Respekt, die Sie verdienen, und senden Sie sich selbst die Botschaft, dass Sie wertvoll sind und Glück verdienen.

Therapie oder Beratung können ebenfalls eine wichtige Rolle beim Aufbau von Selbstvertrauen und Selbstwertgefühl spielen. Ein Therapeut kann Ihnen helfen, die Wunden zu heilen, die Ihre Erziehung hinterlassen hat, gesündere Denkmuster zu entwickeln und Ihnen Werkzeuge zur Förderung des Selbstwertgefühls zur Verfügung zu stellen. Gruppentherapie oder Selbsthilfegruppen können zusätzliche Bestätigung und Ermutigung bieten und es Ihnen ermöglichen, mit anderen in Kontakt zu treten, die ähnliche Erfahrungen teilen.

Wenn Sie Selbstvertrauen und Selbstwertgefühl aufbauen, ist es wichtig, Ihre Fortschritte zu feiern, egal wie klein sie auch erscheinen mögen. Erkennen Sie die Schritte an, die Sie unternommen haben, die Herausforderungen, die Sie gemeistert haben, und das Wachstum, das Sie erreicht haben. Jeder Erfolg, egal wie klein, ist ein Beweis für Ihre Widerstandsfähigkeit und Stärke.

Um Ihre Identität zurückzugewinnen, müssen Sie Ihr wahres Selbst wiederentdecken und das Selbstvertrauen und Selbstwertgefühl aufbauen, um authentisch zu leben. Es ist eine Reise der

Selbstfindung, Heilung und Ermächtigung, die es Ihnen ermöglicht, über die Schatten Ihrer Vergangenheit hinauszugehen und eine Zukunft anzunehmen, die von Ihren eigenen Werten, Wünschen und Bestrebungen geprägt ist. Indem Sie diese Schritte unternehmen, gewinnen Sie nicht nur Ihre Identität zurück, sondern auch Ihre Fähigkeit, ein Leben zu gestalten, das widerspiegelt, wer Sie wirklich sind.

Kapitel 6

Grenzen setzen mit einer narzisstischen Mutter

Praktische Strategien für gesunde Grenzen

Das Setzen von Grenzen gegenüber einer narzisstischen Mutter ist sowohl ein herausfordernder als auch transformativer Schritt zur Wiederherstellung Ihrer emotionalen Gesundheit. Bei Grenzen geht es nicht darum, ihr Verhalten zu bestrafen oder zu kontrollieren, sondern darum, Ihr Wohlbefinden zu schützen und den Raum zu schaffen, den Sie brauchen, um zu Ihrem authentischen Selbst heranzuwachsen. Da narzisstische Menschen Grenzen jedoch oft als persönliche Angriffe oder Ablehnungen betrachten, erfordert dieser Prozess eine sorgfältige Vorbereitung, Konsequenz und Geduld.

Der erste Schritt beim Setzen gesunder Grenzen besteht darin, Klarheit darüber zu gewinnen, was Sie brauchen und warum diese Grenzen wichtig sind. Denken Sie über die Interaktionen nach, die dazu führen, dass Sie sich ausgelaugt, manipuliert oder entkräftet fühlen. Identifizieren Sie die Muster, die Ihrer emotionalen oder geistigen Gesundheit dauerhaft schaden, wie zum Beispiel ihre Tendenz, Ihre Gefühle zu kritisieren, zu kontrollieren oder abzutun. Wenn Sie Ihre spezifischen Bedürfnisse verstehen, können Sie Grenzen festlegen, um diese Probleme effektiv anzugehen.

Fangen Sie klein an. Wenn Ihnen das Setzen von Grenzen überwältigend erscheint, beginnen Sie mit kleinen, aber sinnvollen Änderungen. Sie könnten sich beispielsweise dafür entscheiden, die Länge Ihrer Telefongespräche zu begrenzen, die Diskussion bestimmter Themen zu vermeiden oder Einladungen zu Familienfeiern abzulehnen, die besonders stressig sind. Diese kleineren Schritte können Ihr Selbstvertrauen stärken und Sie auf die Behandlung wichtigerer Probleme vorbereiten.

Seien Sie bei der Kommunikation Ihrer Grenzen klar, direkt und bestimmt. Vermeiden Sie es, zu entschuldigend oder vage zu sein, da dies zu Fehlinterpretationen oder Manipulationen führen kann. Verwenden Sie „Ich"-Aussagen, um Ihre Bedürfnisse auszudrücken, ohne Schuldzuweisungen zu machen, wie zum Beispiel: „Ich fühle mich überfordert, wenn unsere Gespräche kritisch werden." Ich muss sie respektvoll behandeln, sonst muss ich das Gespräch beenden." Bei diesem Ansatz geht es bei der Abgrenzung eher um Ihr Wohlergehen als um Kritik an ihrem Verhalten.

Bei der Durchsetzung von Grenzen ist Konsistenz von entscheidender Bedeutung. Narzisstische Mütter sind oft geschickt darin, Grenzen auszutesten und Ungereimtheiten auszunutzen. Wenn Sie eine Grenze gesetzt haben, bleiben Sie dabei, auch wenn es schwierig oder unangenehm ist. Wenn Sie beispielsweise festgelegt haben, dass Sie nicht auf nächtliche Anrufe antworten dürfen, stellen Sie sicher, dass Sie während dieser Stunden nicht ans Telefon gehen, egal wie hartnäckig sie ist.

Es ist auch hilfreich, gängige Szenarien vorherzusehen und Antworten im Voraus vorzubereiten. Wenn Ihre Mutter Ihnen häufig Schuldgefühle vorwirft, üben Sie eine ruhige und selbstbewusste Antwort, wie zum Beispiel: „Ich verstehe, dass Sie verärgert sind, aber diese Entscheidung ist das Beste für mich." Wenn Sie über diese Antworten verfügen, können Sie Interaktionen mit größerer Sicherheit und Kontrolle steuern.

Üben Sie Selbstfürsorge, während Sie Grenzen umsetzen. Einer narzisstischen Mutter Grenzen zu setzen kann emotional anstrengend sein, insbesondere wenn sie negativ reagiert. Stellen Sie sicher, dass Sie Zeit und Raum zum Aufladen haben, sei es durch Therapie, Tagebuchführung, Meditation oder andere Aktivitäten, die Ihre geistige und emotionale Gesundheit fördern. Sich mit unterstützenden Freunden, Familienmitgliedern oder Gemeinschaften zu umgeben, kann in diesem Prozess ebenfalls Ermutigung und Bestätigung sein.

Umgang mit Widerstand und emotionalem Pushback

Einer der schwierigsten Aspekte beim Setzen von Grenzen gegenüber einer narzisstischen Mutter ist der Umgang mit dem Widerstand und dem emotionalen Rückstoß, der oft folgt. Narzisstische Menschen neigen dazu, Grenzen als Bedrohung ihrer Kontrolle zu betrachten und reagieren möglicherweise mit Manipulation, Schuldgefühlen, Wut oder Versuchen, Ihre Entschlossenheit zu untergraben. Das Erkennen dieser Taktiken und die Vorbereitung darauf können Ihnen helfen, auf dem Boden zu bleiben und sich an Ihre Grenzen zu halten.

Schuldgefühle sind eine häufige Reaktion narzisstischer Mütter, wenn ihre Kinder Grenzen durchsetzen. Sie stellt Ihr Verhalten möglicherweise als egoistisch oder undankbar dar und sagt Dinge wie: „Nach allem, was ich für Sie getan habe, behandeln Sie mich so?" oder: „Du verlässt deine Familie." Diese Aussagen sollen Sie dazu bringen, Ihre Entscheidungen zu überdenken und ihren Bedürfnissen Vorrang vor Ihren eigenen zu geben. Um mit Schuldgefühlen umzugehen, erinnern Sie sich daran, dass das Setzen von Grenzen nicht egoistisch ist – es ist ein Akt der Selbsterhaltung und Selbstachtung.

Üben Sie Selbstmitgefühl und bekräftigen Sie Ihr Recht, Ihr Wohlbefinden zu schützen.

Eine weitere häufige Taktik sind emotionale Ausbrüche wie Wut, Weinen oder das Spielen des Opfers. Bei diesen Reaktionen handelt es sich häufig um Versuche, die Kontrolle wiederzugewinnen, indem Sie sich für ihre Gefühle verantwortlich fühlen. In solchen Situationen ist es wichtig, ruhig und gelassen zu bleiben. Vermeiden Sie es, sich auf Streitereien einzulassen oder zu versuchen, ihre Gefühle zu „reparieren", da dies ihr manipulatives Verhalten verstärken kann. Erkennen Sie stattdessen ihre Gefühle an, ohne Ihre Grenzen zu gefährden. Du könntest zum Beispiel sagen: „Ich kann sehen, dass du verärgert bist, aber diese Grenze ist mir wichtig und ich möchte, dass du sie respektierst."

Schweigendes Behandeln oder Entzugsverhalten ist eine weitere Form des Widerstands, auf den Sie stoßen können. Ihre Mutter hört möglicherweise auf, mit Ihnen zu sprechen, schließt Sie von Familienaktivitäten aus oder entzieht Ihnen auf andere Weise Ihre Zuneigung, um Sie dafür zu bestrafen, dass Sie Grenzen durchsetzen. Auch wenn dies schmerzhaft sein kann, erkennen Sie es eher als manipulative Taktik und nicht als Ausdruck Ihres Wertes. Nutzen Sie diese Zeit, um sich auf die Selbstfürsorge zu konzentrieren und sich daran zu erinnern, dass die Wahrung von Grenzen für Ihr Wohlbefinden notwendig ist, auch wenn dies Ihre Beziehung vorübergehend belastet.

Projektionen und Schuldzuweisungen sind weitere häufige Reaktionen. Eine narzisstische Mutter kann Ihnen vorwerfen, dass Sie diejenige sind, die kontrollierend, undankbar oder unvernünftig ist. Sie könnte Dinge sagen wie: „Du bist derjenige, der alle Probleme verursacht" oder: „Du bist genauso manipulativ, wie du behauptest, ich sei." Diese Aussagen sollen von ihrem Verhalten ablenken und Sie an Ihrer Sichtweise zweifeln lassen. Um damit umzugehen, konzentrieren Sie sich auf Ihre Bedürfnisse und die Gründe für Ihre Grenzen. Vertrauen Sie auf Ihr Urteilsvermögen und widerstehen Sie dem Drang, sich übermäßig zu verteidigen, da dies zu manipulativen Taktiken führen kann.

Triangulation ist eine weitere Strategie, die narzisstische Mütter häufig anwenden, um sich Grenzen zu widersetzen. Sie könnte andere Familienmitglieder oder Freunde einbeziehen und übertriebene oder verzerrte Darstellungen Ihres Verhaltens teilen, um sie gegen Sie aufzubringen. Dies kann ein Gefühl der Isolation hervorrufen und dazu führen, dass Sie sich unter Druck gesetzt fühlen, sich anzupassen. Um die Triangulation zu bewältigen, pflegen Sie eine offene und ehrliche Kommunikation mit denen, die Sie unterstützen, und vermeiden Sie Konflikte mit denen, die auf ihrer Seite stehen. Denken Sie daran, dass Sie nicht dafür verantwortlich sind, die Wahrnehmungen anderer zu verwalten oder die Familiendynamik zu vermitteln.

In einigen Fällen versucht Ihre Mutter möglicherweise, ihren Widerstand zu verstärken, indem sie Grenzen noch offensichtlicher überschreitet. Wenn Sie sie beispielsweise gebeten haben, sie nicht unangemeldet zu besuchen, kann es sein, dass sie uneingeladen bei Ihnen zu Hause auftaucht. In diesen Situationen ist es wichtig, Ihre Grenzen konsequent und deutlich zu stärken. Sie könnten sich zum Beispiel weigern, an die Tür zu gehen, oder sie höflich, aber bestimmt bitten, zu gehen. Jedes Mal, wenn Sie eine Grenze einhalten, senden Sie eine klare Botschaft, dass Ihre Grenzen nicht verhandelbar sind.

Es ist auch wichtig, Ihre Erwartungen zu verwalten. Es ist unwahrscheinlich, dass das Setzen von Grenzen gegenüber einer narzisstischen Mutter zu sofortiger oder vollständiger Akzeptanz führt. Verstehen Sie, dass ihr Widerstand kein Ausdruck der Gültigkeit Ihrer Grenzen ist, sondern vielmehr eine Reaktion auf den Kontrollverlust. Wenn Sie diese Realität akzeptieren, können Sie belastbar bleiben und sich auf Ihre Ziele konzentrieren.

Die Suche nach Unterstützung während dieses Prozesses kann einen erheblichen Unterschied machen. Ein Therapeut oder Berater kann wertvolle Werkzeuge und Strategien zur Bewältigung von Widerständen und emotionalen Rückschlägen bereitstellen. Selbsthilfegruppen oder vertrauenswürdige Freunde können Ihnen Ermutigung und Bestätigung bieten und

Sie daran erinnern, dass Sie auf Ihrem Weg nicht allein sind.

Feiern Sie abschließend Ihren Fortschritt, auch wenn er sich schrittweise anfühlt. Das Setzen und Aufrechterhalten von Grenzen gegenüber einer narzisstischen Mutter ist ein Akt des Mutes und der Selbstermächtigung. Jeder Schritt, den Sie zum Schutz Ihrer emotionalen Gesundheit unternehmen, ist ein Sieg, unabhängig von ihrer Reaktion.

Indem Sie praktische Strategien für gesunde Grenzen umsetzen und lernen, mit Widerständen und emotionalen Rückschlägen umzugehen, können Sie eine ausgeglichenere und erfüllendere Dynamik mit Ihrer Mutter schaffen – oder, wenn nötig, ganz auf Distanz gehen. Bei diesem Prozess geht es nicht darum, sie zu verändern, sondern darum, Ihre Macht zurückzugewinnen und Ihr Wohlbefinden in den Vordergrund zu stellen. Durch Grenzen können Sie beginnen zu heilen, zu wachsen und ein Leben zu führen, das Ihren Werten und Bestrebungen entspricht.

Kapitel 7

Heilung und Fortschritt

Die Rolle von Therapie- und Unterstützungssystemen

Die Heilung von den Auswirkungen einer narzisstischen Mutter ist ein Weg, der sowohl innere Arbeit als auch äußere Unterstützung erfordert. Die Narben, die eine narzisstische Erziehung hinterlässt, können tiefgreifend sein und Ihr Selbstwertgefühl, Ihre Beziehungen und Ihre emotionale Gesundheit beeinträchtigen. Therapie- und Unterstützungssysteme spielen eine entscheidende Rolle dabei, Ihnen dabei zu helfen, diese Wunden zu verarbeiten, Ihr Selbstbewusstsein wiederherzustellen und in ein gesünderes, erfüllteres Leben vorzudringen.

Die Therapie bietet einen sicheren und strukturierten Raum, um die Komplexität Ihrer Beziehung zu Ihrer Mutter und die Auswirkungen, die sie auf Ihr Leben hatte, zu erkunden. Ein erfahrener Therapeut kann Ihnen helfen, die von Ihnen verinnerlichten Muster und Überzeugungen aufzudecken, von denen viele möglicherweise durch das narzisstische Verhalten Ihrer Mutter geprägt sind. Beispielsweise können Sie Probleme mit Perfektionismus, dem Gefallen an

Menschen oder dem Gefühl der Unzulänglichkeit haben – all dies lässt sich darauf zurückführen, dass Sie in einer Umgebung aufgewachsen sind, in der Liebe und Anerkennung an Bedingungen geknüpft waren.

Einer der ersten Schritte in der Therapie besteht darin, zu lernen, Ihre Erfahrungen zu validieren. Es kann schwierig sein, den Schmerz anzuerkennen, den eine narzisstische Mutter verursacht, insbesondere wenn sie Sie dazu manipuliert hat, zu glauben, ihr Verhalten sei normal, oder wenn andere Ihre Gefühle heruntergespielt haben. Ein Therapeut kann Ihnen helfen, die Realität dessen, was Sie durchgemacht haben, zu erkennen und einen mitfühlenden Raum zu schaffen, in dem Sie über den Verlust der fürsorglichen, unterstützenden Mutter trauern können, die Sie verdient haben.

Die Therapie stattet Sie auch mit Werkzeugen aus, mit denen Sie die anhaltenden Auswirkungen narzisstischer Elternschaft bewältigen können. Dazu kann die Entwicklung gesünderer Bewältigungsmechanismen, die Verbesserung Ihrer emotionalen Regulierung und das Herausfordern negativer Selbstgespräche gehören. Die kognitive Verhaltenstherapie (CBT) ist besonders wirksam, wenn es darum geht, verzerrte Überzeugungen anzugehen und durch konstruktivere zu ersetzen. Wenn Sie beispielsweise den Glauben verinnerlicht haben, dass Sie der Liebe nicht würdig sind, kann CBT Ihnen dabei helfen, die Ursprünge dieses Glaubens zu identifizieren und ihn in eine gesündere, kraftvollere Erzählung umzuwandeln.

Zusätzlich zur Einzeltherapie können Gruppentherapie oder Selbsthilfegruppen ein Gemeinschaftsgefühl und Verständnis vermitteln. Der Kontakt zu anderen, die ähnliche Probleme erlebt haben, kann eine unglaubliche Bestätigung und Stärkung sein. Diese Gruppen bieten die Möglichkeit, Ihre Geschichte zu teilen, von anderen zu lernen und Einblicke in verschiedene Heilungs- und Wachstumsstrategien zu gewinnen. Von Menschen zu hören, die auf ihrem Heilungsweg schon weiter fortgeschritten sind, kann ebenfalls Hoffnung und Inspiration geben.

Ebenso wichtig sind Unterstützungssysteme außerhalb der Therapie. Wenn Sie sich mit Menschen umgeben, denen Ihr Wohlergehen wirklich am Herzen liegt und die Ihre Grenzen respektieren, kann dies dazu beitragen, der Negativität und Manipulation entgegenzuwirken, die Sie möglicherweise erlebt haben. Dazu können Freunde, Familienmitglieder oder Mentoren gehören, die Ermutigung, Bestätigung und ein Zugehörigkeitsgefühl vermitteln. Der Aufbau eines starken Unterstützungsnetzwerks braucht Zeit, insbesondere wenn Sie aufgrund Ihrer Erziehung isoliert oder anderen gegenüber misstrauisch waren. Beginnen Sie damit, Beziehungen zu Menschen zu pflegen, die Empathie, Freundlichkeit und Beständigkeit zeigen.

Die Entwicklung von Selbstmitgefühl ist ein weiterer wichtiger Aspekt der Heilung. Viele erwachsene Kinder narzisstischer Eltern empfinden Schamgefühle oder

Selbstvorwürfe, weil sie glauben, sie seien irgendwie für das Verhalten ihrer Mutter verantwortlich. Therapie und unterstützende Beziehungen können Ihnen dabei helfen, diese Überzeugungen in Frage zu stellen und zu üben, sich selbst mit der gleichen Freundlichkeit und dem gleichen Verständnis zu behandeln, das Sie einem Freund entgegenbringen würden.

Bei der Heilung geht es auch darum, sich Ziele für die Zukunft zu setzen und Schritte zu unternehmen, um Ihr Leben zurückzugewinnen. Eine Therapie kann Ihnen dabei helfen, herauszufinden, was Ihnen am wichtigsten ist, sei es die Verfolgung einer Leidenschaft, die Verbesserung Ihrer Beziehungen oder die Kultivierung eines Gefühls des inneren Friedens. Unterstützungssysteme können Ihnen Ermutigung und Verantwortung bieten, während Sie auf diese Ziele hinarbeiten, und Sie daran erinnern, dass Sie diesen Weg nicht alleine bewältigen müssen.

Vergebung: Was es bedeutet und wann es optional ist

Vergebung wird oft als notwendiger Schritt im Heilungsprozess dargestellt, ihre Rolle ist jedoch komplexer, insbesondere im Kontext einer narzisstischen Mutter. Vergebung kann für verschiedene Menschen unterschiedliche Bedeutungen haben, und es ist wichtig, dieses Konzept auf eine Weise anzugehen, die Ihren persönlichen Werten, Bedürfnissen und Ihrer emotionalen Bereitschaft entspricht.

Traditionell wird Vergebung oft mit dem Loslassen von Wut und Groll gegenüber jemandem in Verbindung gebracht, der einem Schaden zugefügt hat. Für einige kann dies ein befreiender und stärkender Akt sein, der sie von der emotionalen Belastung befreit, die mit dem Festhalten an negativen Gefühlen verbunden ist. Vergebung bedeutet jedoch nicht, das verletzende Verhalten zu dulden oder zu entschuldigen, noch erfordert es eine Versöhnung mit der Person, die den Schaden verursacht hat.

Für andere könnte Vergebung ein eher persönlicher und innerer Prozess sein, etwa die Befreiung von der Macht, die vergangene Erfahrungen auf Ihr gegenwärtiges Leben haben. Dazu kann gehören, dass Sie das Bedürfnis nach einer Entschuldigung oder Anerkennung von Ihrer Mutter loslassen und erkennen, dass ihre Unfähigkeit, Verantwortung für ihre Handlungen zu übernehmen, ein Ausdruck ihrer Grenzen ist und nicht Ihr Wert. In diesem Sinne geht es bei der Vergebung weniger um sie als vielmehr darum, Ihre emotionale Freiheit zurückzugewinnen.

Es ist auch wichtig zu erkennen, dass Vergebung nicht immer notwendig oder angemessen ist. Für manche empfindet die Vorstellung, einer narzisstischen Mutter zu vergeben, als eine Abwertung oder Ablehnung des erlittenen Schmerzes. Wenn Vergebung bei Ihnen keinen Anklang findet oder sich wie eine durch gesellschaftliche Erwartungen auferlegte Verpflichtung anfühlt, ist es in Ordnung, anderen Formen der Heilung Vorrang einzuräumen. Das Fehlen von Vergebung bedeutet nicht, dass Sie feststecken oder nicht in der Lage sind, voranzukommen – es bedeutet lediglich, dass Sie einen Weg wählen, der Ihren einzigartigen Erfahrungen und Bedürfnissen Rechnung trägt.

Wenn Sie sich entscheiden, Vergebung zu erforschen, ist es wichtig, sie als einen schrittweisen und bewussten Prozess anzugehen und nicht als eine unmittelbare oder erzwungene Entscheidung. Denken Sie zunächst darüber nach, was Vergebung für Sie bedeutet und ob es mit Ihren Werten und Ihrem Heilungsweg übereinstimmt. Berücksichtigen Sie die Vorteile und Herausforderungen, die es mit sich bringen könnte, und erlauben Sie sich, sich so viel Zeit wie nötig zu nehmen, um eine Entscheidung zu treffen.

Vergebung kann auch bedeuten, dass Sie Grenzen setzen und Ihre Beziehung zu Ihrer Mutter neu definieren. Wenn es emotional schädlich ist, den Kontakt zu ihr aufrechtzuerhalten, bedeutet das Verzeihen möglicherweise, dass du akzeptierst, dass Distanz für dein Wohlbefinden notwendig ist. Wenn Sie sich alternativ dafür entscheiden, eine Beziehung aufrechtzuerhalten, kann die Vergebung darin bestehen, dass Sie ihre Grenzen anerkennen und sich gleichzeitig vor weiterem Schaden schützen.

Für manche erstreckt sich die Vergebung vielleicht auch auf sie selbst. Das Aufwachsen mit einer narzisstischen Mutter kann bei dir Schuld-, Scham- oder Selbstvorwürfe hervorrufen. Möglicherweise machen Sie sich für Dinge verantwortlich, die nie Ihre Schuld waren, wie zum Beispiel, dass Sie ihre unmöglichen Erwartungen nicht erfüllt haben oder dass Sie die Beziehung nicht „reparieren" konnten. Sich selbst diese vermeintlichen Mängel zu verzeihen, ist ein kraftvoller Schritt zur Heilung, der es Ihnen ermöglicht, die Last der Selbstverurteilung loszulassen und Selbstmitgefühl anzunehmen.

Es ist auch erwähnenswert, dass Vergebung kein einmaliges Ereignis, sondern ein fortlaufender Prozess ist. Möglicherweise stellen Sie fest, dass von Zeit zu Zeit Wut- oder Verletzungsgefühle wieder auftauchen, insbesondere im Zusammenhang mit neuen Interaktionen oder Erinnerungen. Das bedeutet nicht, dass Sie bei der Vergebung gescheitert sind – es bedeutet lediglich, dass Heilung eine dynamische und sich weiterentwickelnde Reise ist.

Ganz gleich, ob Sie sich dafür entscheiden, Ihrer Mutter zu vergeben oder nicht, das Wichtigste ist, dass Sie einen Weg finden, der Sie befähigt, zu heilen und voranzukommen. Konzentrieren Sie sich auf das, was Ihnen Frieden bringt, sei es das Setzen von Grenzen, die Kultivierung von Selbstmitgefühl oder die Suche nach Unterstützung von anderen, die Ihre Erfahrungen verstehen. Vergebung ist nur eines von vielen

Werkzeugen zur Heilung, und es liegt an Ihnen, zu entscheiden, ob und wie Sie es nutzen.

Heilung und Fortschritt nach einem Leben narzisstischer Elternschaft ist eine zutiefst persönliche Reise. Therapie- und Unterstützungssysteme können unschätzbare Hilfe und Ermutigung bieten und Ihnen dabei helfen, Ihre Erfahrungen zu verarbeiten, Ihr Selbstbewusstsein wieder aufzubauen und ein Leben zu schaffen, das Ihre wahren Werte und Wünsche widerspiegelt. Vergebung, sei es gegenüber Ihrer Mutter, sich selbst oder beiden, ist ein optionaler, aber potenziell sinnvoller Teil dieses Prozesses. Letztendlich besteht das Ziel nicht darin, die Vergangenheit auszulöschen, sondern ihre Auswirkungen zu transformieren, sodass Sie in eine Zukunft eintreten können, die von Selbstbestimmung, Widerstandsfähigkeit und Selbstliebe geprägt ist.

Kapitel 8

Ein Leben in Freiheit und Freude schaffen

Gesunde Beziehungen fördern

Um sich aus dem emotionalen Griff einer narzisstischen Mutter zu befreien, geht es nicht nur darum, die Vergangenheit zu verstehen; Es geht auch darum, eine Zukunft voller sinnvoller, unterstützender und gesunder Beziehungen aufzubauen. Für erwachsene Söhne narzisstischer Mütter kann der Aufbau und die Aufrechterhaltung solcher Beziehungen sowohl eine Herausforderung als auch eine Chance sein. Narzisstische Erziehung verzerrt oft die Vorstellung davon, wie Beziehungen aussehen sollten, und hinterlässt anhaltende Zweifel an Vertrauen, Grenzen und emotionaler Sicherheit. Mit Absicht und Anstrengung können Sie jedoch Verbindungen pflegen, die Sie nähren und erheben und Ihren Weg zu Freiheit und Freude stärken.

Der erste Schritt zu gesunden Beziehungen besteht darin, toxische Muster zu erkennen und zu verlernen, die sich möglicherweise in Ihrer Erziehung normalisiert haben. Eine narzisstische Mutter modelliert

Beziehungen oft auf der Grundlage von Kontrolle, Manipulation oder bedingter Liebe, was sich darauf auswirken kann, wie Sie als Erwachsener mit anderen umgehen. Möglicherweise fühlen Sie sich zu Menschen hingezogen, die diese Dynamik nachahmen, beispielsweise zu kritischen oder kontrollierenden Partnern, oder Sie haben möglicherweise Probleme mit Intimität und Verletzlichkeit. Das Erkennen dieser Muster ist entscheidend, um sich von ihnen zu befreien und Raum für gesündere Verbindungen zu schaffen.

Gesunde Beziehungen basieren auf gegenseitigem Respekt, Vertrauen und emotionaler Unterstützung. Sie sind frei von Manipulation, Kontrolle oder Angst vor Ablehnung. Identifizieren Sie zunächst die Eigenschaften, die Sie in Beziehungen am meisten schätzen, wie Ehrlichkeit, Empathie und gemeinsame Interessen. Denken Sie darüber nach, wie diese Eigenschaften mit den Menschen in Ihrem Leben übereinstimmen und ob Ihre Beziehungen Ihr emotionales Wohlbefinden unterstützen. Mithilfe dieser Selbsteinschätzung können Sie feststellen, welche Verbindungen Sie pflegen und welche möglicherweise einer Neubewertung bedürfen.

Einer der Eckpfeiler gesunder Beziehungen ist effektive Kommunikation. Es ist wichtig zu lernen, Ihre Bedürfnisse, Gefühle und Grenzen klar und selbstbewusst auszudrücken. Dies kann besonders schwierig sein, wenn Sie in einem Umfeld aufgewachsen sind, in dem Ihre Stimme abgelehnt oder entkräftet wurde. Üben Sie, in Ihren Interaktionen ehrlich und direkt zu sein, auch wenn es sich zunächst unangenehm anfühlt. Denken Sie daran, dass gesunde Beziehungen auf einem offenen Dialog beruhen und dass Ihre Bedürfnisse genauso wichtig sind wie die anderer.

Ein weiterer wichtiger Aspekt gesunder Beziehungen besteht darin, sich mit Menschen zu umgeben, die Ihre Grenzen respektieren. Gesunde Menschen verstehen, dass es bei Grenzen nicht um Ablehnung geht, sondern darum, Raum für gegenseitigen Respekt und Verständnis zu schaffen. Sie sind bereit, zuzuhören, sich anzupassen und Ihre Grenzen zu respektieren, ohne Schuldgefühle auszulösen oder sich zu rächen. Umgekehrt kann es sich lohnen, Beziehungen zu überdenken, in denen Ihre Grenzen ständig ignoriert oder in Frage gestellt werden.

Für viele erwachsene Söhne narzisstischer Mütter ist es eine große Hürde, wieder vertrauen zu lernen. Wenn das Vertrauen von jemandem, der eigentlich bedingungslose Liebe schenken sollte, wiederholt gebrochen wurde, kann es schwierig sein, sich anderen zu öffnen. Der Aufbau von Vertrauen braucht Zeit und erfordert die Auswahl von Beziehungen zu Menschen, die Beständigkeit, Zuverlässigkeit und Authentizität zeigen. Achten Sie auf Taten statt auf Worte und geben Sie sich die Erlaubnis, sich in einem Tempo zu bewegen, das sich für Sie sicher anfühlt.

Unterstützende Beziehungen beschränken sich nicht nur auf romantische oder familiäre Verbindungen. Freundschaften, Mentoring und berufliche Beziehungen können alle zu Ihrem Gemeinschafts- und Zugehörigkeitsgefühl beitragen. Suchen Sie nach Menschen, die Sie inspirieren, Sie zum Wachsen herausfordern und Ihre Erfolge ohne Eifersucht oder Urteilsvermögen feiern. Diese Verbindungen können als Erinnerung daran dienen, dass gesunde Beziehungen möglich sind und dass Sie es verdienen, mit Freundlichkeit und Respekt behandelt zu werden.

Wenn Sie gesunde Beziehungen pflegen, müssen Sie möglicherweise auch Verbindungen loslassen, die Ihnen nicht mehr dienen. Dies kann ein schmerzhafter Prozess sein, insbesondere wenn diese Beziehungen schon lange Teil Ihres Lebens sind. Das Festhalten an toxischen oder einseitigen Verbindungen kann jedoch Ihr Wachstum behindern und Sie an ungesunde Dynamiken binden. Konzentrieren Sie sich auf das, was Sie gewinnen können, indem Sie Raum für gesündere und erfüllendere Beziehungen schaffen.

Aufbau eines Lebens, das auf Selbstliebe und Erfüllung basiert

Die Schaffung eines Lebens in Freiheit und Freude beginnt mit der Grundlage der Selbstliebe. Für viele erwachsene Söhne narzisstischer Mütter kann sich

Selbstliebe wie ein schwer fassbares Konzept anfühlen, das von jahrelanger Kritik, Vernachlässigung oder emotionaler Manipulation überschattet wird. Es ist jedoch möglich, Ihr Selbstwertgefühl zurückzugewinnen und ein Leben aufzubauen, das Ihre Werte, Leidenschaften und Wünsche widerspiegelt.

Selbstliebe beginnt damit, dass Sie Ihren inneren Wert als Person anerkennen, unabhängig von den Meinungen oder Erwartungen anderer. Narzisstische Mütter vermitteln oft den Glauben, dass Liebe und Anerkennung durch Leistung, Nachgiebigkeit oder Opferbereitschaft verdient werden müssen. Um diese Erzählung abzulehnen, muss man anerkennen, dass man allein deshalb Liebe und Respekt verdient, weil man existiert. Dieser Perspektivwechsel kann eine Herausforderung sein, aber er ist ein entscheidender Schritt, um Ihre Identität zurückzugewinnen und Ihr Potenzial auszuschöpfen.

Eine Möglichkeit, Selbstliebe zu kultivieren, besteht darin, Selbstmitgefühl zu üben. Dazu gehört, dass Sie sich selbst mit der gleichen Freundlichkeit, dem gleichen Verständnis und der gleichen Geduld begegnen, die Sie einem engen Freund entgegenbringen würden. Wenn Sie einen Fehler machen oder Ihre Ziele nicht erreichen, widerstehen Sie dem Drang, sich selbst zu kritisieren oder zu beschimpfen. Erkennen Sie stattdessen Ihre Menschlichkeit an und nutzen Sie Rückschläge als Wachstumschancen. Selbstmitgefühl ermöglicht es Ihnen, eine unterstützendere und nährendere

Beziehung zu sich selbst aufzubauen, die sich positiv auf andere Bereiche Ihres Lebens auswirken kann.

Ein weiterer wichtiger Aspekt der Selbstliebe ist die Selbstfürsorge. Dies geht über das körperliche Wohlbefinden hinaus und umfasst auch die emotionale, mentale und spirituelle Gesundheit. Priorisieren Sie Aktivitäten und Praktiken, die Ihnen Freude bereiten, Stress abbauen und Ihnen helfen, geerdet zu sein. Dazu können Hobbys, Bewegung, Meditation oder Zeit in der Natur gehören. Nehmen Sie sich Zeit für sich selbst, auch wenn das bedeutet, Nein zu den Forderungen oder Erwartungen anderer zu sagen. Denken Sie daran, dass Selbstfürsorge nicht egoistisch ist – sie ist ein notwendiger Bestandteil für die Aufrechterhaltung Ihres allgemeinen Wohlbefindens.

Um ein Leben aufzubauen, das auf Selbstliebe basiert, müssen Sie auch Ihren Leidenschaften und Interessen nachgehen. Für viele erwachsene Söhne narzisstischer Mütter wurden ihre eigenen Wünsche und Ambitionen von den Bedürfnissen oder Erwartungen ihrer Mutter überschattet. Um sich wieder mit Ihrem authentischen Selbst zu verbinden, müssen Sie herausfinden, was Sie wirklich glücklich und erfüllt macht. Dies kann bedeuten, dass Sie aufgegebene Hobbys noch einmal aufgreifen, neue Erfahrungen machen oder sich Ziele setzen, die Ihren Werten entsprechen. Gönnen Sie sich die Freiheit zu träumen und unternehmen Sie Schritte, um ein Leben zu schaffen, das Ihre einzigartige Identität widerspiegelt.

Das Setzen und Erreichen von Zielen ist eine weitere wirkungsvolle Möglichkeit, ein erfülltes Leben aufzubauen. Ziele geben Ihnen einen Sinn und eine Richtung und helfen Ihnen, sich auf das Wesentliche zu konzentrieren. Beginnen Sie damit, herauszufinden, was Sie in verschiedenen Bereichen Ihres Lebens erreichen möchten, z. B. Karriere, Beziehungen, persönliches Wachstum oder Gesundheit. Teilen Sie diese Ziele in kleinere, umsetzbare Schritte auf und feiern Sie Ihre Fortschritte auf dem Weg. Das Erreichen Ihrer Ziele kann Ihr Selbstvertrauen stärken und Ihren Glauben an Ihre Fähigkeit, ein Leben in Freiheit und Freude zu schaffen, stärken.

Wenn Sie ein Leben aufbauen, das auf Selbstliebe und Erfüllung basiert, ist es wichtig, das Bedürfnis nach externer Bestätigung loszulassen. Narzisstische Mütter konditionieren ihre Kinder oft dazu, die Zustimmung und Anerkennung anderer zu suchen, aber wahre Erfüllung kommt von innen. Konzentrieren Sie sich auf das, was Ihnen Freude und Zufriedenheit bereitet, anstatt zu versuchen, die Erwartungen anderer zu erfüllen oder deren Akzeptanz zu gewinnen. Diese veränderte Denkweise ermöglicht es Ihnen, authentisch zu leben und das zu priorisieren, was Ihnen wirklich wichtig ist.

Dankbarkeit ist eine weitere Praxis, die Ihr Gefühl der Erfüllung steigern kann. Wenn Sie sich die Zeit nehmen, die positiven Aspekte Ihres Lebens wertzuschätzen – egal wie klein sie auch sein mögen –, kann dies Ihren

Fokus von dem, was fehlt, auf das verlagern, was reichlich vorhanden ist. Dankbarkeit kann Ihnen auch dabei helfen, präsent und aufmerksam zu bleiben und ein tieferes Gefühl der Zufriedenheit und Freude zu fördern.

Umgeben Sie sich schließlich mit Umgebungen und Erlebnissen, die Sie inspirieren und erheben. Ob es darum geht, ein Zuhause zu schaffen, das sich wie ein Zufluchtsort anfühlt, einer Arbeit nachzugehen, die Ihren Leidenschaften entspricht, oder sich an Aktivitäten zu beteiligen, die Sie Ihren Zielen näher bringen – Ihre Umgebung spielt eine wichtige Rolle bei der Gestaltung Ihres Lebens. Treffen Sie bewusste Entscheidungen und die Energie, die Sie in Ihren Raum einladen.

Indem Sie gesunde Beziehungen pflegen und ein Leben aufbauen, das auf Selbstliebe und Erfüllung basiert, können Sie sich aus den Schatten der Vergangenheit befreien und in eine Zukunft voller Freiheit und Freude eintreten. Dieser Weg ist nicht immer einfach, aber er ist einer der kraftvollsten und lohnendsten Schritte, die Sie unternehmen können. Durch Selbstbewusstsein, bewusste Entscheidungen und die Verpflichtung zu Ihrem Wachstum können Sie ein Leben schaffen, das Ihren Wert würdigt und Ihr Potenzial feiert.

Abschluss

Ihre Reise zu Freiheit und Ganzheit

Wenn Sie am Ende dieses Buches stehen, stehen Sie am Anfang einer tiefgreifenden Reise – einer Reise der Wiederentdeckung, Heilung und Transformation. Der Weg zu Freiheit und Ganzheit nach dem Aufwachsen mit einer narzisstischen Mutter ist nicht linear oder einfach, aber es ist eines der mutigsten und lohnendsten Unterfangen, die Sie jemals unternehmen werden. Es ist eine Reise, die Selbstreflexion, Belastbarkeit und die Verpflichtung erfordert, das Leben aufzubauen, das Sie verdienen.

Ihre Vergangenheit mag von Manipulation, bedingter Liebe und unerfüllten emotionalen Bedürfnissen geprägt sein, aber Ihre Zukunft liegt ganz in Ihren Händen. Der erste Schritt in Richtung Freiheit besteht darin, zu erkennen, dass Ihr Wert nicht durch die Taten, Worte oder Erwartungen Ihrer Mutter bestimmt wird. Sie sind nicht die Summe ihrer Kritik oder die Widerspiegelung ihrer Unsicherheiten. Sie sind ein einzigartiger und wertvoller Mensch, der Liebe, Respekt und Glück verdient.

In diesem Buch haben Sie die Komplexität narzisstischer Elternschaft und ihre Auswirkungen auf

Ihre Identität, Beziehungen und Ihr emotionales Wohlbefinden untersucht. Sie haben sich mit den stillen Problemen befasst, mit denen viele erwachsene Söhne konfrontiert sind, vom geringen Selbstwertgefühl bis zur Suche nach Bestätigung. Sie haben gelernt, wie wichtig es ist, Grenzen zu setzen, Ihre Identität zurückzugewinnen und ein Leben aufzubauen, das auf Selbstliebe basiert. Diese Schritte sind nicht nur theoretisch – sie sind die Bausteine Ihrer Reise zur Ganzheit.

Freiheit beginnt mit Bewusstsein. Durch die Identifizierung der Merkmale und Verhaltensweisen einer narzisstischen Mutter haben Sie Klarheit über die Dynamik gewonnen, die Ihre Erziehung geprägt hat. Dieses Bewusstsein ermöglicht es Ihnen, sich aus dem Kreislauf aus Schuld, Scham und Selbstzweifeln zu befreien, der Sie möglicherweise an die Vergangenheit gefesselt hat. Es befähigt Sie, Manipulation und Gaslighting als das zu erkennen, was sie sind, und sich vor ihren schädlichen Auswirkungen zu schützen.

Bei der Heilung geht es nicht darum, den Schmerz der Vergangenheit auszulöschen, sondern ihn zu transformieren. Die Wunden, die eine narzisstische Mutter zufügt, können tief sitzen, aber sie müssen Sie nicht definieren. Durch Therapie, Unterstützungssysteme und Selbstmitgefühl können Sie diese Wunden behandeln, Ihre Emotionen verarbeiten und die Last ungelöster Traumata loslassen. Dieser Prozess erfordert Zeit und Geduld, aber jeder Schritt bringt Sie der Freiheit und Ganzheit, die Sie suchen, näher.

Denken Sie im weiteren Verlauf daran, dass Sie die Macht haben, Ihre Geschichte neu zu schreiben. Die Erzählungen, die Ihnen eine narzisstische Mutter einflößt – ob es nun um Ihren Wert, Ihr Potenzial oder Ihren Platz in der Welt geht – sind keine unveränderlichen Wahrheiten. Sie haben die Fähigkeit, diese Narrative in Frage zu stellen, sie durch bestätigende Überzeugungen zu ersetzen und ein Leben zu führen, das Ihr authentisches Selbst widerspiegelt.

Zur Freiheit gehört auch, das Unbekannte anzunehmen. Sich von den Mustern und Dynamiken der Vergangenheit zu lösen, kann entmutigend sein, ist aber auch eine Gelegenheit, etwas Neues und Schönes zu schaffen. Erlauben Sie sich zu träumen, Risiken einzugehen und zu erforschen, was Ihnen Freude bereitet. Dies ist Ihr Leben, und Sie haben das Recht, es so zu gestalten, dass Ihre Werte, Leidenschaften und Wünsche berücksichtigt werden.

Bei Ganzheit geht es nicht um Perfektion – es geht um Integration. Es geht darum, alle Aspekte von dir zu umarmen, auch die Teile, die sich verletzt, verletzlich oder unsicher fühlen. Ganzheit bedeutet zu erkennen, dass Sie mehr sind als Ihre Kämpfe, mehr als Ihre Vergangenheit und mehr als die an Sie gestellten Erwartungen. Es bedeutet, sich selbst voll und ganz zu akzeptieren und sich selbst zu erlauben, in seinem eigenen Tempo zu wachsen und sich weiterzuentwickeln.

Wir feiern den widerstandsfähigen Mann, der Sie sind

Einer der kraftvollsten Aspekte Ihrer Reise ist das Erkennen Ihrer eigenen Widerstandsfähigkeit. Das Überleben und die Bewältigung des Lebens mit einer narzisstischen Mutter erforderte enorme Kraft, auch wenn es sich nicht immer so anfühlte. Sie haben emotionale Herausforderungen überstanden, sich an schwierige Umstände angepasst und trotz aller Widrigkeiten durchgehalten. Diese Erfahrungen sind zwar schmerzhaft, haben Sie aber auch zu dem widerstandsfähigen Mann gemacht, der Sie heute sind.

Bei Resilienz geht es nicht nur darum, Schwierigkeiten zu ertragen – es geht darum, darüber hinwegzukommen. Es geht darum, Ihre Erfahrungen als Quelle der Einsicht, des Einfühlungsvermögens und der Stärke zu nutzen. Sie haben die Komplexität einer Beziehung mit einer narzisstischen Mutter erlebt und sind mit einem tieferen Verständnis für sich selbst und die Dynamiken hervorgegangen, die Ihr Leben geprägt haben. Diese Widerstandsfähigkeit ist ein Beweis für Ihren Charakter und Ihre Wachstumsfähigkeit.

Um Ihre Widerstandsfähigkeit zu feiern, müssen Sie Ihre Fortschritte anerkennen und sich selbst Anerkennung für die Schritte zollen, die Sie unternommen haben, egal wie klein diese auch erscheinen mögen. Heilung ist kein Prozess über Nacht, und jede Anstrengung, die Sie unternehmen – sei es das Setzen einer Grenze, die Suche nach Unterstützung oder das Praktizieren von Selbstmitgefühl – ist ein Sieg, den es zu feiern lohnt. Seien Sie stolz auf Ihr Engagement für sich selbst und Ihre Bereitschaft, sich den Herausforderungen Ihrer Vergangenheit zu stellen.

Ihre Widerstandsfähigkeit erstreckt sich auch auf Ihre Fähigkeit, gesunde Beziehungen aufzubauen und aufrechtzuerhalten. Trotz der Herausforderungen Ihrer Erziehung haben Sie die Fähigkeit, Beziehungen aufzubauen, die auf Vertrauen, Respekt und gegenseitiger Unterstützung basieren. Dies ist keine Kleinigkeit und spiegelt Ihre Entschlossenheit wider, sich von toxischen Mustern zu befreien und ein Leben aufzubauen, das Ihren Werten entspricht.

Wenn Sie den widerstandsfähigen Mann feiern, der Sie sind, denken Sie daran, dass es bei der Widerstandsfähigkeit nicht darum geht, Gefühle zu unterdrücken oder so zu tun, als sei alles in Ordnung. Wahre Belastbarkeit bedeutet, dass Sie Ihre Verletzlichkeit annehmen und erkennen, dass das Bitten um Hilfe ein Zeichen von Stärke und nicht von Schwäche ist. Es geht darum, Ihre Gefühle zu würdigen, auch die schwierigen, und sich selbst die Erlaubnis zu geben, in Ihrem eigenen Tempo zu heilen.

Ein Teil der Würdigung Ihrer Widerstandsfähigkeit besteht auch darin, die Lektionen anzuerkennen, die Sie dabei gelernt haben. Ihre Erfahrungen haben Ihnen wahrscheinlich ein tieferes Verständnis für Empathie, Grenzen und die Bedeutung der Selbstfürsorge vermittelt. Sie haben Ihnen beigebracht, was Sie in Ihren Beziehungen tolerieren und was nicht und was Sie brauchen, um als Individuum erfolgreich zu sein. Diese Lektionen sind von unschätzbarem Wert und werden Ihnen bei Ihrem weiteren Wachstum und Ihrer Weiterentwicklung gute Dienste leisten.

Nehmen Sie sich beim Nachdenken über Ihre Reise Zeit, Ihre Erfolge und Meilensteine zu feiern. Egal, ob es darum geht, Klarheit über Ihre Erziehung zu gewinnen, gesündere Beziehungen aufzubauen oder einfach den ersten Schritt zur Heilung zu machen, jede Leistung ist ein Beweis für Ihre Stärke und Entschlossenheit. Seien Sie stolz darauf, wie weit Sie gekommen sind, und voller Hoffnung, wohin die Reise geht.

Der widerstandsfähige Mann, der Sie heute sind, wird nicht durch seine Vergangenheit definiert, sondern durch seine Entscheidungen. Sie haben sich entschieden, sich dem Schmerz Ihrer Erziehung zu stellen, Heilung zu suchen und ein Leben in Freiheit und Freude zu führen. Diese Entscheidungen spiegeln Ihren

Mut, Ihre Integrität und Ihren unerschütterlichen Glauben an Ihren eigenen Wert wider.

Wenn dieses Buch zu Ende geht, fängt Ihre Reise gerade erst an. Sie verfügen über die Werkzeuge, Erkenntnisse und die Kraft, um weiter zu wachsen, zu heilen und zu gedeihen. Ergreifen Sie die Möglichkeiten, die vor Ihnen liegen, und vertrauen Sie auf Ihre Fähigkeit, ein Leben zu schaffen, das Ihre Widerstandsfähigkeit würdigt und Ihr wahres Selbst feiert.

Sie sind mehr als ein Überlebenskünstler – Sie sind ein Mann, der in der Lage ist, mit Zielstrebigkeit, Leidenschaft und Freude zu leben. Der Weg zur Freiheit und Ganzheit mag eine Herausforderung sein, aber er ist auch zutiefst lohnend. Gehen Sie jeden Schritt mit Zuversicht und wissen Sie, dass Sie des Glücks und der Erfüllung, die Sie suchen, würdig sind. Feiern Sie den widerstandsfähigen Mann, der Sie sind, und freuen Sie sich auf das unglaubliche Leben, das Sie erschaffen.